JN418101

홍정기 테마에세이 I

삶의 예찬

뉘

덜 쓿은 '뉘'는 싫습니다.

이 **세상**을 살 적에 **누구**와 **생애**를

함께 나누는 **'뉘'**를 쌓아가고 싶습니다.

홍정기 테마에세이 I

삶의 예찬

뉘

새미

| 머 | 리 | 말 |

사전에서 **'뉘'**를 찾아보면, 다음과 같습니다.

뉘1 쓿은 쌀에 섞인 벼 알갱이.

¶ 쌀에서 ~와 돌을 골라내다.

뉘2 자손에게 받는 덕. 뉘(를) 보다 — 자손의 덕을 보다.

¶ 뉘를 보려고 자식 기르는 사람은 없을 것이다.

뉘3 '누이'의 준말.

뉘4 <옛> ① 세상. 평생.

¶ 오는 뉘예 佛道롤 일우리니≪法華 1:201≫.

② 적. 때.

¶ 조코도 그칠 뉘 업기는 물뿐인가 ᄒᆞ노라≪古時調≫.

뉘5 ① '누구이 ('누구+서술격 조사의 어간'이)'가 준말.

¶ 당신은 ~시오?

② '누구의 ('누구'+관형격 조사 '의')'가 준 말.

¶ ~ 댁 자제인고?

'뉘'의 다양한 뜻을 도입해서 제목을 정하고, 이를 응용해서 장마다 다른 주제를 담았습니다.
우리 민족의 얼이 든 '뉘'의 여러 의미에 맞추어서 우리의 삶을 그렸습니다.

살아 갈수록 세상은 복잡해지고 한민족의 피가 흐르기에, 물려 받은 얼은 마음으로 순백의 삶을 살라하지요.

극소수에 의한 오염으로 좌우되는 현실은, 선량한 민족으로 이어받은 순수한 삶을 살아가기엔 어려워질 때도 있습니다.
순화, 정화의 삶을 살고자 원함이 커지는 요즈음입니다.

각 장마다의 주제의 풀이는 졸작이나마 읽는 이의 이해를 도와드리길 원하고, 우리주변을 한 번 돌아볼 기회가 주어진다면 그보다 더 영광스러운 일이 없겠습니다.

어떤 장場에서든 식지 않는 열정으로 살아가길 원하며, 시간 시간들에게 아낌의 배수를 더해 살기를 원합니다.
함께 좋은 삶을 일구어 가는 데 도움을 주신, 많은 분들께 감사하는 마음이 큽니다. 졸저拙著와 함께 해주심에 신심身心을 다 한 고마움입니다.

2003년 3월

| 차 | 례 |

— **누구**의 특별한 사람이 되고 싶습니다.

2. 남과 여

버려지는 뉘가 되고 싶지 않습니다.

3. 소 망

—이 세상을 살 적에 행복하고 싶습니다.

4. 행복의 선사

5. 마음 안에 가슴 안에

— **생애**를 돌아볼 적에 후회 없이 살고싶습니다.

6. 황혼의 블루스

1. 소와 물

교육현장에는
우리네 삶이 담겨있음을,
인간의 본능은 배움이고 바른 배움은
자신을 발전시킨다는 믿음을 담았습니다.

미 련

'헤어짐'을 받아들이기 어렵게 된 때는, 내 나이 20세를 넘기고 나서다. 그 전까지는 만나서 담는 정을 별로 의식하지 않았다.

직장새내기 때는 비슷한 나이의 동료들과 만남을 이루었고 학창시절의 순수한 마음으로 지냈다. 함께 지내면서 정이 든 동료들이 하나, 둘 회사를 떠나면서 '만남과 헤어짐'이 새로운 서러움이라는 걸 알았다. 그 때의 '헤어짐'의 감성이 가슴에 화인 된 듯, 언제나 그 심정 그대로다.

20여 년을 하루같이 지낸 제자들과 헤어졌다.

아이들과 어우러졌던 학교가 있는 동네를 등지고 멀리 이사와서 이별의 마음을 진정하려는데, 집 앞에 또 학교가 있다. 담을 사이에 두고 있어, 내가 학교 안에 들어가 있는 듯하다. 우정 먼 곳을 보려고 해도 자꾸 마음이 쓰인다.

아이들이 삼삼오오 재잘거리며 학교로 향하는 길을 눈으로 마중한다. 매일의 등교길이였기에 절로 마음이 간다. 구경꾼이 되어 아이들을 보며, 뜨거워지는 가슴을 지긋이 누른다. 동녘서 쏘는 햇살을 가리면서 소매로 눈을 훔친다.

첫 시간의 종소리가 가슴을 울린 후, 하루종일 시공을 넘나드는 꿈결인양 종소리를 기다린다. 먼 나라로 동떨어져 와있는 이방인처럼 마음의 갈피를 잡지 못한다.

아이들이 집으로 향하는 길녘에 서서 서성인다. 품을 떠나 재 넘어 멀리 가는, 아들을 배웅하는 어미의 심정이다. 마음을 다스리지 못하고 어른거리는 눈매에 또 손이 간다. 푸석해진 눈은 초승달 모양새다.

살면서 부딪혔던 세파 앞에서 눈물은 어림도 없었다. 울어지지 않아 스스로 기특타 했는데, 뒤늦게 울먹여진다. 발치 앞 학교 안에 들어가고 싶어도 꾹 참는다. 떠나간 님 곁을 얼쩡거리다 주체할 수 없는 비참한 심정처럼 될까봐.

그러구러 6개월, 연연하는 심정을 더는 누를 수 없다. 교정 안 창가에 기대서서 몰래 듣는 소음이 정겹다. 운동장을 거닐어 본다. 제자들과 찍어놓은 무수한 발자취를 찾아서…….

체육시간을 제일 좋아했던 아이들에게, 어떻게 하면 재미있는 시간이 되게 할까 고심했다. 어린이날행사의 청백계주, 1학년 꼬맹이들의 유희, 최고의 날인 운동회 때의 탬버린 매스게임과 부채춤이 보인다. 연구수업 때 울렸던 소고와 장구소리, 민요에 맞춰 춤추던 '어기여차 어 영차' 뱃놀이가락도 들린다.

언제나 생생하게 생각나는 것은 2학년 귀염둥이들과의 학예회작품이다. 너무 어리다고 생각하면서도 공연했는데, 청중의 환호를 받아 아이들과 많이 행복했다. 우리 반 남녀아이들 모두 한복을 곱게 차려입고 추던 '강강수월래'의 전통 춤이다. 한 조인 8명을 기본으로 하는 '청어 엮기와 풀기'와, 두 조가 합해서 하는 '남생아 놀아라, 고사리 꺾기, 꼬리 따기, 덕석말기와 풀기'와, 전체가 함께 하는 '기와 밟기, 문열어라'와 처음, 중간, 피날레에서는 남녀가 두 원형을 만들어 어긋나게 돌면서 신나게 추는 원무였다.

매기는 소리와 받는 소리로 엮어진 우리네 구성진 가락이 귀에 맴돈다. 모든 것이 한 순간의 꿈결처럼 지나갔다.

더 늦기 전에 들어가고 싶어, 임시강사 자리를 찾아 눈을 가다듬고 마음을 담고 갔다. 그 간 못다 한 정을 풀어놓거나, 아이들과 어우러지는 중에 툭하면 눈물이 글썽여졌다. 주체할 수 없는 현상을 들켜버려, 나도 아이들도 모두 당황했다.

귀여운 개구쟁이가 일기장에 썼다. '선생님, 집에서 울고 오세요. 마음이 이상해지니.'

펜이나 화필에만 절필이 있는 줄 알았는데, 타인에 의한 절필이라며 안타까움을 뒤로하고 분필을 절필했다. 준비 없이 호기까지 부리며, 칼로 무 자르듯이 그렇게 끝냈다. 보람찼던 나날들이 자취도 없이 사라져 갈망한다. '스스로 선택했는데, 왜 이리 쫓겨난 기분이지'하며 반문을 되뇐다. 울먹이며 그리움을 쌓아간다.

내가 하는 것들 모두가 그대로 사랑하는 제자들에게 전해지니, 너무 귀하고 보람된 나날이었다. '한날 한시도 마음을 놓으면 안 된다'는 마음에는 여지가 없었다. 집에 와선 파김치다. 항시 머리에 가득 든 것이 학교인 것은, 늦게 시작했기에 부족한 것이 많아서이다.

"내가 네게 어떻게 했는데……"하듯, 품안을 떠난 자식들에게 한탄하는 어머니처럼 애달픈 심정은 아니다. 한껏 도약했으나 착지에 실패한 체조선수다. 체조선수는 착지에 성공해야 대열에 낄 수 있기에, 뼈를 깎는 피나는 연습을 수없이 반복한다.

그러나 한 번에 끝나는, 연습 없는 착지가 끝내 맘에 차지 않는다. 미련을 떨치고자 마음을 붙잡는다. '세상이 주었기에 어쩌지 못하니, 미련의 반복은 이제 그만하고 마무

리를 하자. 아쉬움의 끝자락을 놓으며 깔끔하게 마음을 접자. 이별을 고하고 하늘을 보며 웃자.'

넓고 푸른 하늘을 보며 깨달았다. 새는 언제나 알을 품고 있을 수 없다는 것을, 하늘 높이 비상하는 새 안에 내가 들어있음을—.

소와 물

I

60여명에서 30여명까지
맡았던 학급의 학생 수다.
20여 년을 매해 엮은 수다.

텅 빈 교실
차창에 비치는 해가 어슴푸레해질 때
그 날의 공적을 가늠한다.
관자놀이에 핏줄이 이는 때는
수십 명을 매달고 잡아 끈 날.
물 마시기 싫어하는 소를

억지로 끌고 가느라 힘만 든 날.
끈 다발을 쥔 손에 힘을 너무 줬기에
그 날은 낙제다.
내일은 낙제하지 말아야지.

오늘은 끈을 잡지 않아도
끌어당기지 않아도 꽃밭에 앉은 나비다.
맛있게 꿀 따먹는 나비들.
오늘은 행복하다.
내일도 오늘처럼 되기를 기대한다.

II

땅거미가 지도록 신나게 정신없이 놀고 있을 때, 엄마가 아이를 하나, 둘 부른다. "○○야, 저녁 먹어야지." "△△야, 얼른 들어와. 밥 먹게." "◇◇야, 그만 놀고 밥 먹어."

그렇게 부를 때마다 너무 부러웠다. 내겐 한 번도, 엄마가 저녁 먹으라고 부른 적이 없다. 집에 가면 할머니가 맛있게 지은 저녁밥이 기다리고 있어도, 배가 고프지 않아도 파하고 돌아가는 마음이 서늘하다.

중학교시절, 1등만 하던 반장이 있었다. 그 애가 놓치지 않는 1등의 절반은 걔 엄마 덕이다. 그 아인 솜털 보송하게 훤한 모습이고, 엄만 다정다감한 인상이 좋은 분이다. 그 엄만 스타자리 굳히기에 수족을 대신하는 일등공신이다. 입안의 매끄러운 혀처럼 해주는 최고의 매니저다. 그 엄마가 학교에서 하는 일은 언제나 특별한 이벤트다.

가끔, 우리교실 맨 뒤에 앉아 청강생이 되어 공부를 했다. 집에서 가르치려고 애가 모르는 걸 배우러 온단다. 이름까지 바꾸며 법석 떠는 그 엄만, 바꾼 이름을 기념하기 위해 우리에게 간식잔치를 벌렸다. 더운 점심을 싸들고 와선 갖가지 과일을 예쁘게 깎아준다. 옷가지를 가져와, 기온에 따라 덧입힌다. 언제나 그 애 옆에는 우리가 아니고 엄마가 있다. 걘 무대 위 공주이고 우린 관객이다. 아주 특이한 공연으로, 다른 이들의 배역과는 많이 동떨어진 모양새다.

여하튼 이상하다. 같은 여고에서 같은 반은 아니라도, 간혹 들리는 특별한 명단에 낄 만도 한데, 그 애 이름을 못 봤다. 어디에선가, 그 애 이름을 들으려 해도 들리지 않았다. 활동을 접고 숨은 인재로 공부에만 몰두하는가 생각했으나 아닌가보다. 명문대에 들어간 애들 명단에, 그 애 이름이 또 빠져있다.

특별한 잔치 끝에 팡파르가 없어서 허망하다. 선수를 향한 기다림의 기대를 자꾸 어긴다. 어느 대학엘 갔는지 궁금해서 명단에서 찾아보고 이류대학에 간 것을 알았다. 걔에 비해 수준이하의 대학이니, 그 대학에서 명사로 배출되지 않을까. 기대가 너무 컸나, 지금껏 듣지 못했다. 그 애의 특이한 이름 석자를.

이웃에 아이를 도우미에게 맡기고 직장에 다니는 엄마가 있다. 밥을 먹기 싫어하는 그 집 아이는 마르고 혈색이 좋지 않다. 아들에게 마음 쓰이는 엄마는 퇴근하면 외출복을 갈아입을 새 없이, 수저 꽂은 밥그릇을 들고 바깥까지 쫓아다닌다. 아이에게 억지로 먹이니, 먹기 싫어서 도망간다. 그 아이는 크면서 밥을 잘 먹고 튼튼해졌을까.

아직 새댁인 내 눈에도 과히 아이를 잘 키우는 것 같지 않아 보였다.

아들이 유치원에 들어간지 얼마 지나지 않아, 학부모가 참석하는 첫 행사가 있어 직장을 조퇴하고 갔다. 막 현관을 들어서는데, 원아들이 신을 벗고 들어가고 있었다. 아들이 자신의 신발장을 못 찾자, 원장이 꿀밤을 주면서 "네 밥도 못 찾아 먹니"하는 걸 보았다. 우리 집 도우미에게 물었더니, 항용 그런다고 한다. 새로 입문하는 어린아이들에겐 자상하게 안내해줘야 하는데…….

인성의 70%가 형성된다는 가장 중요한 시기인, 유치원

시절의 단추부터 잘 못 채워진 것은 아닐까. 아이가 매사 자신에게 박차를 가하지 않는 것을 보면, 방법을 가르치기 전에 면박부터 주어서일까.

III

교사의 입지를 나름대로 나눠보면 세 부류이다.

a. 학교 〉 가정
b. 학교 = 가정
c. 학교 〈 가정

교사들 각자가 선택해서 나눠어지는 것이 아니고, 각자의 가치관에 따라 절로 나뉜다. a는 철저한 직업의식이 버거워, b가 합리적이고 지혜롭다면서 항상 그대로다. 희망사항임에도. c는 싫다. 반칙이다. 싫은 반칙일수록 더 감지하게 된다.

말은 학년이 같고 연배가 비슷해서 친해진 동료가 있었다. 네 자녀를 둔 그녀는 무엇보다 가족 일을 우선한다. 가정은 누구에게나 중요하나 직장보다 가정에 치중하는, 정도가 심한 c타입이다.

당시 학교에선 정기적으로 실시하는 학력평가를 중요시 했다. 학급성적을 올리기 위해 담임재량으로 학급시험을 자주 보았다. 방과 후, 그녀 반에서 고학년 아이 둘이 열심히 채점을 하고 있었다. “학급평가를 했나봐요”라고 하니, 머뭇거린다. 자신의 아이들이 집에서 시험본 문제집이었다.

수업시간에 아이들을 자습시키고, 그녀는 무언가를 열심히 꿰매고 있다. 중학교 딸이 가사 실습한 블라우스를 만들고 있는 중이다. 얼마 후, 수업 중에 밖에서 크랙선소리가 여러 번 크게 울리자 그녀가 뛰어나간다. 과제물인 블라우스를 학교에 있는 아이에게 전하려고, 남편이 직장에서 온 것이다. 온 가족이 총동원이다.

그 딸은 네 아이 중에 공부를 제일 잘해, 부모의 희망이었다. 학년이 오를수록 어려워지는 학력을 따라잡지 못해, 부모의 기대에 미치지 못했다. 나중엔 우울증에 걸려 공부는 뒤로하고 정신과 치료를 한동안 받았다.

아이들이 받은 사랑만큼 잘해주면 좋으련만, 부모의 지나친 사랑으로 부담을 쌓아간다.

믿음과, 희망과, 사랑 중에 으뜸이 사랑이라 했다. 그러나 누구나 좋아하는 사랑 앞에 ‘너무’가 붙으면 반갑지 않은 손님이 되어 돌아온다. 너무 좋은 사랑을 제대로 하기 어려우니, 무엇하나 쉬운 것이 없다.

똑똑한 사람이 되고 싶어요.

고학년 제자들에게 해마다 들려주는 이야기 중에 '똑똑한 사람이 되는 비결'이 있다. 들려 줄 때마다 눈은 반짝, 귀는 쫑긋 세운다. 재미있는 이야기가 아닌데도 모두 집중해서 듣는 것을 보면, 누구나 똑똑해지고 싶어하는 마음을 알 수 있다.

아이들에게 들려주기 전에 조건을 붙인다. 똑똑한 사람이라는 평가를 받는 것은 상대적이기에, 개인이든 모임이든 상대에게 기준을 둬야한다. 수준에는 여러 높낮이가 있어, 어떤 그룹에서는 똑똑한 사람이 다른 그룹에서는 못 미칠 수가 있다. 똑똑함도 처해진 상황에 따라 바뀌어야 한다는 조건이다.

똑똑한 사람이 되는 첫 번째 비결은 '주의 집중력'이다.

똑똑함의 지름길은 듣기 집중력에 좌우된다. 잘 듣는 습관을 기르면 집중이 수월해 진다. 여러 조건이나 상황에 따라 집중력에는 다소간의 차이가 있다. 듣고 있는 내용이, 듣는 사람의 수준이나 상황의 갈래로 차이가 나게 된다.

여러 경우에 상관없이 똑똑한 사람은 듣기 실력과 집중력의 우수성으로 어떤 상황이든 남보다 빨리 이해를 잘한다. 어쩌다 한 번씩 잘 하는 것이 아니고 지속성을 갖고 잘한다. 그런 사람은 그 상대방의 마음에 매겨지는 점수에서 명예로운, 똑똑한 사람으로 간주되는 것이다. 누군가가 '저 사람은 똑똑한 사람이야'라고 평가하는 것이 아니고, 대다수가 똑똑하다고 생각한다. 그렇게 객관적인 결과로 연결지어질 때만이 똑똑함은 타당해 지는 것이다.

반대로 자신위주로 듣는 동문서답형이 있다. 가끔 그렇다면 그럴 수도 있다고 개의치 않는다. 그러나 그런 행동을 자주 반복하면, 진지한 의견교환에서는 사람의 매김에서 떨어진 인정을 받게 된다. 그런 애매한 상황을 인식하게된 당사자는 자신감이 없어지고 똑똑한 사람하고는 거리가 멀어지게 된다.

잘못 이해해서 들은 사람은 자신 없게 반응한다. 잘 못 듣고 답한 내용이 잘못됨을 인식할 때는 서둘러 번복하기도 한다. 정 반대의 내용임에도 '그래, 그 말도 맞아'하면서. 그런 경우가 자주 반복되면 그에 대한 신뢰도가 떨어진다. 인간관계는 상대적인 것이므로 그런 이에 대해서는, 옆으로 비켜 생각하게 되면서 무시하는 마음까지 들게 되는 것이다.

둔한 남편 때문에 답답할 때도 있지만, 인생의 의미를 짚어보게 하니 '좋은 점도 되는구나'하고 생각한다.

"사위가 관리비를 내려고 출근을 못한다 하니, 한복을 갖다주면서 관리비를 내주고 오면 어떨까요"하는 말에 "한복을 기다린다고. 세탁소에 맡기려고?"한다. 자신의 학문에 몰두해, 책상에만 앉아있는 중증학자(?)의 엉뚱한 동문서답이다.

30여 년을 하루같이, 온 시간과 생각이 자신의 학문에만 치중되어 있어, 여타 다른 일에는 문외한이다. 그의 문외한 범위는 특별한 일이 아니고, 학문 이외의 모든 일상범주가 다 들어간다. 그러니 현실에 대한 이해도가 한참 뒤떨어질 수밖에 없다.

시시때때로 발생하는 미달된 주의집중력을 좋게 생각하자니, 얼마나 답답한 노릇인가. 똑똑한 사람하고는 영 거리가 먼 입장이다. 현실감각이 떨어진데다 귀담아 듣지도 않아 번번이 동문서답하는 그에게 "좁쌀이 용을 쓰며 100바퀴 굴러봐, 수박 한바퀴 따라 오나"하는 우스개 소리로 놀린다.

똑똑한 사람이 되는 두 번째 비결은, 시대상황에 발맞추는 '적응력'이다.

그런 이는 남보다 우수한 이해를 바탕으로 자신 있게 표한다. 적중한 의견이나 행동으로, 매사를 잘 처리해 대처한다는 것이다.

자신 있는 주장과 결단으로, 매사에 더욱 자신감 있는 사람이 된다. 그런 사람은 똑똑하고 지혜로워서, 자신의 앞날을 위한 성공의 열쇠를 갖게 된다.

집성촌에서는 예전부터 대소사가 있는 날이면 남자들만 모여 친족회의를 갖는다. 어느 회의에서나 자신이 원하는 방향으로 이끌어 가는 주동자가 있게 마련이다. 그 저변에는 자신의 이익을 깔아놓고 포장하는 경우가 대부분이다. 주동자는 자타가 공인하는 똑똑한 사람이고, 나머지 대부분의 사람들은 '좋은 게 좋지'하는 식으로 일방통행을 묵과한다.

십 수년의 세월이 흐르고 아들이 장성하면서 대를 이어서 그 회의에 참석하게 된다. 중요한 사실은, 세월이 흘렀고 세대교체가 된 것이다.

십 수년을 같은 얼굴에다, 위 서열이 군림했기에 간혹 교체되는 아래 항렬들은 무시되기 십상이다. 그런 연유가 문제의 발단이 된다.

공동으로 운영되는 금전의 문제가 사건의 발단이 됐다.

"지난해에 새로 산 경운기를 조카가 전복시켜 결단나게 했다. 못쓰게 되었으니 경운기를 조카가 새로 사야겠다."

그 조카는 순간적으로 화가 치밀었다. '젊고 힘 좀 쓴다 해, 너 나 없이 경운기를 부리게 하더니, 중상을 입어 고생을 한 사실만도 억울한데, 치료비는 고사하고'라 생각했다. 순간 벌떡 일어나, 그 어른에게 향해 갔고 주위의 사람들이 재빨리 저지했다.

그냥 놔두면 어떻게 됐을까. 발전을 위한 친족회의가 문제인가. 위아래 서열이 무참히 깨지려는 순간이었다. 다음 세대에게 들켜서는 안될 비참한 일이. 기존의 웃어른이 자신이 처한 상황이나 시대를 인지 못하고 의견 아닌 자기주장만을 피력하면, 시대에 동떨어진 고집쟁이에다 종이호랑이로 전락할 수밖에 없다.

예전에 똑똑했던 사람으로 남아 있고 그리 간주될 거라는 생각에 머무르지 않고, 계속 노력을 해야 똑똑한 사람으로 남는 것이다. 계속적인 듣기집중력도 어렵지만, 시대상황에 발맞춤도 어렵다. 이렇듯 똑똑한 사람이 되는 것은 용이한 일이 아니다.

똑똑한 사람이 되는 방법을 터득한 것은, 순전히 주위사람들 덕이다. 그러나 방법을 터득했다고 다 똑똑해지는 것은 아니다. 별개의 문제이다. 심사숙고하고 열심히 했어도 얼마 지나지 않아, 나 자신의 어리석음을 한탄하며 사는 연속선상에 있기 때문이다.

내 부족한 면을 알면서도 묵과 한 것이 잘못이다. 학교에서 부진한 학과는 더 열심히 공부해서 고르게 잘하면 우등생이 된다. 마찬가지로 삶의 질적 향상을 위한 것에도 최선의 노력이 필요하다. 그것을 알면서도 후회하는 삶을 반복하고 별로 심각하게 생각하지 않으니, 난 아직도 똑똑한 사람과는 거리가 멀다.

특별한 아이

둥근 달 같은 얼굴가운데 넙죽한 코가 자리하고, 커다란 입에 사람 좋게 웃는 그 아일 처음 만난 건, 그 아이가 9살인 2학년 때다.

새 학년 첫 달인, 3월은 1년의 학급운영의 질을 좌우하기에 아이들에게 엄중하다. 만난 지 얼마 안된 40여명 모두는 서로 서먹한데, 새로움에 들뜬 그 아인 다른 아이와 달리, 스스럼없이 장난을 쳐서 튀어 보였다. 예의를 갖춘 신입생처럼 불편한 정장이면서도 움직임이 과해, 시작부터 교사의 지적을 여러 번 받았다.

십 여일 후, 학급 임원선거 소견 발표 때, 그 아이 때문에 놀랐다. 생전 처음 하는데 고학년 수준이다. 그래서 일까. 사람 좋은 친근감 때문일까. 민주주의 투표방식에 의

한 결과에서, 으뜸인 회장이 되었다.

며칠 후, 학부모 총회 때 만난 회장엄마도 환한 함박꽃 같다. 우리○○는, 우리○○는 하며 아들 이야기를 하는데 친구 이야기를 하듯 자연스럽다.

그 아이의 하루를 보면 눈부시다. 골고루 먹어야 건강하듯, 무엇이든 골고루 자기 안으로 끌어들이고 섭렵한다. 9살 이후의 인생을 준비하듯 결연한 모습이다.

반면에 행동 반경을 넓히며 장난을 쳐서 계속 지적을 받는다. 임원이니 더 태도가 좋아야 한다고 충고하면, 얌전해지고 싶은데 잘 안 된다며 호소한다.

얼마 지나지 않아 그 아이 가정의 특별한 점을 알게됐다. 어른들은 오로지 아이들을 중심으로 모두가 똘똘 뭉쳤다. 할머니까지 단단하게. 어른들은 아이를 사랑으로 감싸며 격려와 칭찬으로 일관해서 아이에게 성취감을 갖게 한다.

그 아이 엄마는 건강이 좋은 편이 아니다. 그런데도 특별한 일이 없는 일요일이면 아이들을 위해서 가능한 한 모든 가족이 함께 여러 행사에 참여한다. 엄마만 갈 때는 이웃 단짝 모자와 함께 간다.

귀가 후엔 일기장에 행사의 내용을 입장권과 사진까지 붙이며 자세히 기록한다. 가는 곳을 보면 다양하다. 사정에 따라 멀리 지방까지 가는 체험학습부터, 전람회나 박람회, 영화나 연극감상, 각 기관에서 하는 다양한 행사를 찾아 빠짐없이 참여한다.

끊이지 않고 벌이는 그 아이 가정의 이벤트는 학급아이들에게 멋진 모델로 부각 됐다. 그 아이를 기점으로 유행처럼 전파되어, 각 가정 모두 실행하게 되면서 화제가 끊이지 않았다. 덕분에 『견학 기록장』을 모두 갖춰 기록하고 진열하는 특별한 학급이 됐다.

그 아이 엄마는 자모회 임원이 되어 봉사했다. 어린이날은 특별기념일로 자모회원들이 여러 행사를 위해 애쓰고, 학급아이들 모두에게 정성이 담긴 선물까지 했다. 그 날, 그 아이 아버지는 출근 전에 교실에 들려, 아버지 입장으로 학급 아이들 모두에게 선물한다며 커다란 꾸러미를 놓고 갔다.

이어 스승의 날에 있었던 일이다. 학부모의 꽃 선물을 종종 기쁘게 받았는데, 그 해가 가장 기억에 남는다. 그 해는 누구도 학교를 방문하지 못하게 막았는데, 그 아이의 아버지는 커다랗고 멋진 꽃바구니를 들고 복도를 울리며 우리 교실로 다가오는 획기적인 모습을 보였다.

그 아이의 엄마에게 들었다. “학교를 못 오게 한다고. 내가 가리다. 일년에 한 번 있는 기념일에 노고가 크신 담임 선생님께 보답하는 고마움의 꽃을 막다니”하면서 학교를 왔다한다.

그 아이 부모는 자신의 아이를 위해 어떻게 하는 것이

최선인지를 잘 안다. 당시 초등학교 학부모 입장도 되는 나보다 더 잘 알아서 대처하는 것이 참으로 신기해서 관심을 갖고 보게 됐다.

자신의 아이에게 주파수를 맞춘 협조자로서 아이와 일치된 사고를 갖게 되어, 아이를 위해 가장 적절한 것이 무엇인지 알고 부여하는 훌륭한 내조자가 된 것이다.

중학생이 된 그 아이, 지금도 매사 최선을 다하는 가족 모두의 모습처럼 변함 없이 모든 면에 기량을 한껏 발휘한다. 다음에 큰 재목이 되리라 기대한다.

한번 맺어진 스승과 제자는 영원한 사제지간이니, 그 아이에게 향한 환희와 격려는 그치지 않을 것이다.

매스게임

오랜 동안 나와 무용과는 거리가 멀다고 생각했다.

여고시절 체육시간, 강당에서 실습 온 교생들이 고전무용을 지도했다. 제일 열심인 교생이 우리들 사이를 돌아다니며 동작을 잡아주었는데, 내게 와서는 번번이 동작이 나쁘다고 꾸중하듯 타일렀다. 그런 연유로 '나는 무용을 못하는구나'하고 생각했다. 무용을 해본 적이 없었기에 동작이 서툴음은 당연한데, 서둘러 소질이 없다고 단정한 것이다.

그러구러 30년이 지난 40대 후반에, 무용에 소질이 좀 있다는 것을 알게된 계기가 있었다. 무용엔 문외한임에도 연례행사인 교사예술제에 동료교사들과 출연하기로 하고, 지도교사 중심으로 고급수준의 창작작품을 준비하고 연습에 들어갔다. 자신이 없는 난 뒤쪽으로 물러나긴 했어도, 어우러져서 근사한 공연을 해내야지 하는 일념 뿐으로, 맹연습에 동참했다. 격려 차 들린 교감선생님이 내 동작이 누구보다 좋다고 칭찬했다. 난 그 말이 믿어지지 않아 어안이 벙벙했다. 이미 지도교사도 내 동작이 좋다고 했으나 격려의 말로 들었기에. 다른 자신을 발견한 기쁨이 컸긴 했으나 한 동안 실감이 나지 않았다.

그 후, 무용에 관심을 갖게 되었고 자율적으로 무용이나 매스게임 연수까지 참여하면서 기량을 닦았다. 그것을 발판으로, 운동회 때는 무용이나 매스게임을 담당하기도 했다. 다수의 아이들이 넓은 운동장을 무대 삼아 공연하니, 지도에 어려움은 있으나 예술작품을 탄생시킨다는 일념으로 부단하게 진행하며 보람을 찾아갔다.

무용의 기초가 없고 재주도 썩 겸비된 것이 아니나, 운동회나 학예회 때에 학생들을 지도하는 기회가 생기면서, 무용이나 매스게임과 관계되는 것은 예사로 보지 않는 습관이 생겼다. 특히, 어디에서든지 살풀이를 감상하게되면 매료되어, 추고 싶은 마음이 간절해지면서 어느새 속 몸으로 함께 추고있는 자신을 발견한다.

TV에서 매스게임을 공연할 때는, 그 안에 푹 빠져들기도 한다. 88올림픽 개·폐회식 때의 웅장한 공연은 실로 벅찬 가슴과 뜨거워지는 눈시울을 동시에 선사했다. 학생들을 지도하는 입장에서 관심이 고조될 때라, 더욱 마음을 사로잡았다. 세계인들의 잔치의 백미로 모두의 시선이 집중되는 최고의 공연에서의 기량을 발휘하기 위해 혼신의 힘을 다해 애쓴 노고가 잘 나타난 작품들이었다.

얼마 후 비슷한 시기에 우리나라, 일본, 북한 어린이들의 매스게임을 보면서 절로 비교하게 됐다. 율동의 조화에서, 일본과 북한은 극적인 대조를 보였고 우리나라는 중간정도였다.

북한은 섹션카드 퍼레이드부터 시작해서 어린이 매스게임까지 기계가 움직이는 듯했다. 처음엔 천여 명이 한 사람처럼 움직이는 것 같아서 경이로웠으나, 나중엔 어우러져 조화를 이루는 것이 아니고 곡예로 보였다. 어린이들에게 강압적인 훈련모습이 엿보이는 듯 해서 감상의 마음이 절감됐다.

그에 대비해 감동을 준 것은, 일본의 유치원생과 초등학교 저학년 어린이들의 매스게임이었다. 자율적인 창의성의 향상을 강조하던 시기에 맞춘 듯, 자유스러운 모습으로 공연했다.

유치원 어린이들의 자유롭게 놀이를 하는 듯이 율동을 진행하는 것과, 질서가 없는 듯 하다 다시 질서를 찾아가는 공연의 모습이 신선하게 다가왔다. 자유 안에 질서, 질서 안에 자유라고나 할까.

초등학교 저학년 어린이들의 시시각각 바뀌는 형태의 군무에서도 같은 모습을 보여주며, 훌륭하게 진행되는 공연을 보면서 전율을 느꼈다. 움직이며 펼쳐지는 감동적인 예술성에 빠져들어 하나가 된 듯, 흠뻑 빠지면서 잔잔히 밀려오는 희열을 함께 음미했다.

한데 어우러지게 하기엔 어려움이 따를 수백 명의 어린이들을 한 자리에 놓고, 종합적으로 그려놓은 목표를 향해 부단하게 노력했을 훌륭함이 엿보였다. 의도를 숨긴 채, 강요하지 않고 많은 연습을 진행시켰을 교사의 노고를 감지하면서 감탄의 탄성이 절로 나왔다. 주어진 여건에서의 지도가 아니라, 여건을 만들면서 이끌었을 교사의 노력에 갈채를 보냈다.

모든 국민이 하나되어 열광의 도가니로 만든 2002년 6월 월드컵은 영원히 남을 신화다. 48년 동안 16강 안에 처음 든 것도 대단할 터에, 4강 안에 들어 개최국의 자부심을 국민 모두가 함께 일구었다.

월드컵 개막식의 팡파르는 근사하게 새로 지은 상암경기장에서 울렸다. 대작의 군무와 매스게임을 펼칠 때는 비가 와서 안타까웠다. 많은 학생들이 뜨거운 햇볕에서 땀을 흘리며 애 썼는데, 닦은 기량을 맘껏 펼치지 못한 듯해서 옆에 있다면 위로하고 싶었다. 일생일대의 작품을 공들여 연습하면서 몸과 마음 모두, 하늘 높이 비상했을 거라고—.

내가 무용에 소질이 있는 것을 일찍이 알았다면, 그들처럼 무용가가 되어 멋진 모습을 무대 위에서 펼쳤을지도 모른다.

나 자신도 알지 못했던 재질이, 자신 안에 잠자는 희열로 보석처럼 숨어있었다. 많은 경험을 쌓으면서 사노라니, 자신을 발견한 특별한 날이 온 것이다. 좀 더 어린 나이에 알았다면 하는 아쉬움이 있다. 틀림없이 자신을 일깨워 최상이 되게 만들어 탑을 공들여 쌓았을 테고, 좀 더 풍요로운 세상 속에 들어가 있었을 텐데…….

배 움

초등학교에서 고학년을 가르친지 7년이 지났다.

초롱초롱한 눈망울에 눈웃음을 가득 담은 모습이 예뻐서, 담임학급 아이들과 함께 어울리기를 좋아했다. 수업시간외에 아이들 특기를 살리기 위한 시간을 자주 가졌다.

매해 새 학년초, 집에 있던 우리나라 민속악기를 학급에 비치해 놓으면, 아이들은 무척 좋아한다. 처음 가져가는 날, 꼭 묻는 말은 "선생님 집에는 없는 게 없나봐요"한다. "선생님은 배우는 욕심이 많아서 그래"하면, 아이들은 손가락을 꼽으며 이것도 있냐, 저것도 있냐하며 헤아린다. 물은 것을 거의 다 있다하면, 교사에 대한 호감을 높이며 만족해한다.

교사 대부분은 가르치는 일 못지 않게, 배움의 열기가 대단하다. 학교에서는 아이들의 특기를 위해 전문강사를 초빙하는 적이 있다. 자모들의 취미생활을 위한 배움의 장도 항상 열렸다. 나도 배울 만한 것이 있으면 빠짐없이 참석했다. 덕분에 집에는 배울 때 썼던 물건들이 많다.

우리 것을 배울 때 준비했던 단소, 장고, 북, 춤용 부채, 꽹과리, 한국무용복. 서양악기로는 기존에 있던 피아노와 기타, 리코더, 멜로디언, 리듬악기. 운동을 배울 때 썼던 탁구, 배드민턴, 핫 테니스, 테니스 라켓과 공, 배구공, 농구공, 축구공, 야구클럽과 공, 롤러스케이트, 자전거, 볼링세트, 에어로빅복장과 슈즈. 취미로 배울 때 썼던 문방사우와 수채화, 유화, 꽃꽂이, 한지공예, 양재, 수직, 수, 뜨게, 스킬, 동판화 도구들이 있다.

열정으로 배움의 장에 많이 기웃거렸으나, 용두사미로 끝나고 대부분 수박 겉 핥기였다. 한 우물을 파야 제대로 배울텐데, 열두 우물을 파서 제대로 배운 것이 없다.

그러나 운전은 대충 배울 수 없다.

한창 그룹 지어 운전을 배울 때마다, 참석하지 않으니 이상하다고들 했다. 아버지가 운전을 하다 사고로 돌아가셨기에 배우지 않으려 한 것을, 동료들이 거의 다 배운 뒤늦게 남은 몇이서 배웠다.

첫 면허시험에 합격하기로 정하고 열심히 했다. 낚시, 당구, 바둑을 배울 때, 잠을 청하려고 누우면 감은 눈이나 천장에 어른거리듯이, 그 날 배운 것은 눈을 감고 회상을 반복했다.

차에 올라타서 순서 밟기를 수십 번 하는 것이다. 수첩에 가득 그린 그림이나 나름대로 정한법칙을 적은 걸 보면서 수 없이 연습했다.

학원에 간지 5일째 되는 날 사고를 냈다. 혼자 타고 코스 연습을 하는 날이었다. 'ㄱ'코스를 돌 기전, 브레이크를 밟는 순간, 차가 '붕—' 날아가 담 앞에 있는 나무를 꺾고 멈췄다. 번개가 치듯 찰나적인 일이었다. 나는 브레이크 대신 액셀을 밟은 채, 핸들에 얼굴을 묻고 정신을 잃었다. 모두들 몰려와서 보곤 내가 크게 다쳤다고 생각했다한다. 잠시 후, 입에서 피를 흘리며 나와서는 "차가 망가져서 어떡하죠"하니, 모두 어이가 없어하며 웃었다.

학원 측에서는 3일을 쉬며 진정하고, 이번에는 1차인 코스시험만 보라고 했다. 동료들은 코스연습을 끝내고 주행연습, 컴퓨터 모의시험까지 보며 만반의 준비를 하고 있는 동안, 난 코스만 빙빙 돌고 있었다. 당시의 면허시험은 정해진 면허시험장에서 모두 이뤄졌다.

시험당일 획기적인 일이 생겼다. 오전에는 코스시험에 합격했다. 오후에 있는 주행시험을 보기 위해 남은, 동료들과 헤어져 나오는데 "주행연습 10바퀴에 만원"한다. 귀가 솔깃해서 따라갔다. 인근 공터 바닥에 선을 대충 긋고, 표식으로 몇 군데에 돌을 놓고, 경사 길도 이용한다고 한다. 자신은 없으나 2차 시험에 도전하기로 하고 연습했다. 학원에서 구경만 하던 근사한 주행코스를 조악한 간이코스에서 한 것이다.

점심시간이라 텅 빈 주행코스 시험장 주변을 걸어서 빙빙 돌면서, 상상으로 차를 타고 머리 속 모의시험을 수없이 반복했다. 주술을 외듯 '시동 걸고, 핸드브레이크 풀고, 1단 기어 넣고, 크러치를 떼는 동시에 액셀레이더 밟고 간다. 정지선에선 정확히 선다. 돌발상황에선 즉각 정지, ·········시동이 꺼지면 당황하지 말고 다시 건다.'

시험이 시작됐다. 다른 수험자들의 주행시험 중인 차를 눈으로 따라가면서, 차안에는 내가 앉아 상상운전을 했다. 앞서 시험 본 남자는 얼굴이 하얗게 되더니, 제대로 가지 못해서 시간초과로 불합격됐다.

내 차례가 되었다. 긴장하지 않고 연습하는 기분으로 했다. 쉽게 출발하고 좀 빠르게 진행했다. 결과는 높은 점수의 합격이었다. 합격한 동료는 매우 기뻐했으나, 나는 실감이 나지 않고 기쁘기보다 겁부터 났다.

개인시내연수를 3일째 받고 온 날이다. 혼자 연습하려고 새차를 끌고 나갔다가, 정차하고 있는 트럭에 닿아서 우측 앞문이 움푹 들어갔다. 벼락치기 시험공부는 진정한 실력이 될 수 없음을 통감했다. 다른 것을 배울 때처럼 대충 할 수 없어, 개인연수를 다른 사람에 비해 두 배 더 받았다. 10년이 지난 지금도 초보운전자처럼 배우는 입장으로 안전운행을 한다.

작년에는 아이들이 그리워서 임시교사로 간 학교에서 고학년을 맡게 되었다.

선생님 집에 없는 것이 없다한다며 무엇이 있어야하냐고 물었더니, 없는 물건들의 이름만 댄다.

"멀티비전, DVD, 전자 오르건, 스캐너, 플레이스테이션 II, 디지털카메라, 각종게임기……."

7년 동안 세상이 많이 변했다. 들었거나 본 물건의 이름이 섞여있지만, 거의 조작해본 적이 없는 것들이다.

배움의 끝은 어디일까. 모래알처럼 수많은 사람들이 머리를 조아리며 새로운 것을 탄생시키는 한, 배워야한다.

운전처럼 대충 배울 수 없는 것을 만나게 되면, 또 한판 승부를 걸게 될 것이다. 배움에 대한 열망도 인간의 본능 중에 들어있음이 분명하다.

길 눈

나는 몹시 어두운 길눈을 가졌다.

동료들과 좌담 중에, 모두가 길눈이 어둡다는 것을 알았다. 자신의 일에 자부심을 갖고있는 그들 중에 "머리가 좋은 사람은 길눈이 어두운가봐"하니, 모두 그 말에 수긍하는 손뼉을 쳤다. 옆에서 듣던 탁월한 재능의 상사가 "나는 길눈이 아주 밝은데, 머리가 아주 나쁘다는 말이네"해서 크게 웃었다.

나는 길을 잃는 적이 많아 헛고생을 한다. 같은 곳을 여러 번 갔는데도, 갈 적마다 모를 때는 더 속상하다. 제일 기억에 남는 건, 연수를 받으러 가는 첫날 지하철역에서의 일이다.

방향을 잘 파악하고 올라갔는데, 다른 곳이 나왔다. 다시

내려가 다른 곳으로 올라갔는데, 또 아니다. 무엇에 홀린 것처럼 미로를 돌 듯이 몇 번이나 오르내렸다. 더 기가 막힌 것은, 다른 날에도 같은 곳에서 번번이 틀린다는 것이다.

집 주변에 있는 학교만 다닌 것도 원인인 듯하다. 자라면서 차를 타고 다닐 기회가 별로 없어서인지, 버스를 타고 멀리 갔다오면 지친다. 버스 안에 사람이 많아서 부대끼며 내내 서서 갔는데, 반대 방향의 종점까지 갔다 되돌아올 때는 참담한 심정이었다. 집에 돌아오면 피곤하니, 어디 가는 것을 좋아하지 않게 되었다. 다니는 것도 체질에 맞아야 한다는 생각이다.

'완전 초보'를 붙이고 운전을 할 때였다. 용기를 내어 강남에서 강북까지 갔다. 다리를 건너갔으니, 올적에도 다리를 건너야 되는데 무엇에 홀렸는지, 다리를 지척에 두고도 찾지 못하고 곁에 있는 차도를 정신없이 여러 번이나 왔다 갔다했다. 초행길을 갈 때는 교통지도를 보고 순서를 적어서 연상연습을 하고 간다. 갑자기 가게 될 때는 두려움이 커서, 방향감각촉수를 세우며 간다. 그때, 동승한 사람이 길을 알면 안심이다.

길의 감각은 관련이 있다고 생각하는 것과는 상관이 적은 듯하다. 기하성적이 나쁘지 않고, 몇십 가지 적성검사 결과는 평균보다 아래인 항목이 없다.

심지어 대다수 잘하는 화투를 잘 못하는 것과 관련이 있나하는 생각마저 든다. 길을 잃을 때나 '고스톱'을 하게 될 때, 머리 속이 하얗게 변하며 백치가 된 현상을 번번이 느낀다. 두 가지 다, 지략을 동원해서 잘하려고 할수록 더 못하게 된다. 그런 재주는 보통의 지능과는 다를 거라고 치부한다.

열정이 하늘높이 치솟던 한창 나이에 "내 사전에 불가능은 없다"는 말에서 '내겐 불가능은 없다'거나 '다른 사람이 할 수 있는 일은, 무엇이든지 나도 할 수 있다'로 정했다. 가치 있다고 생각되는 일은 목표를 정하고 부단히 노력했다. 애를 많이 써도 안 되는 일에 부닥칠 때면 시행착오로 간주하고, 곰처럼 밀어 부쳤다.

거듭된 시행착오로 얻은 것이 있다. '이렇게 넓은 우주 안의 점일 뿐인 내가, 단번에 우주를 정복하려했구나'하며, 아무리 애써도 잘 안 되는 것이 있음을 깨달았다. 그 때부터 무엇이나 도전하면 된다는 생각을 하지 않게 됐다.

자신의 맹점을 인정하고, 그 시점에서 출발할 수밖에 없다. 중증인 어두운 길눈도 예외일 수 없다. 길눈의 보완을 위해 여러 각도로 노력했으나, 별 효과를 거두지 못했기에 포기한지 오래다.

길을 잘 아는 것이 필수인, 무엇보다 중요한 운전에서도 느긋해졌다. 다니지 않을 수 없기에 지도를 보고 익히고

가도 실제거리하고 다를 때가 많다. 예전에는 당황하고 헤맸으나, 이제는 여유 있게 찾는다. 갔던 곳을 못 찾거나, 되돌아올 때 생소한 길이 되어도 크게 마음 쓰지 않는다. 길눈이 어두운 대신 좁은 지름길보다 대로를 선호한다. 마음과 길이 함께 복잡하면 사고 날 확률이 커질 거라는 생각이다.

누구나 잘 아는 곳이나 코앞에 두고 물을 때도 덜 쑥스러워한다. 길을 잃으면 여기가 어딘가를 부디 알려고 하지 않는다. 나와 거리가 먼 분야에 대해 알려고 노력해도 잘 모르는 것처럼, 생소한 곳은 누가 일러줘도 잘 파악되지 않기 때문이다.

스스로 터득한 것은 나침반 방법으로, 방향감각의 촉수를 세워서 찾는 것이다. 이제는 다소 길을 헤매긴 해도, 목적지를 못 찾아서 도중에 포기하는 경우가 없게 됐다.

예까지 살아오면서 여러 갈래의 길이 놓일 때마다 가는 길을 선택하는 것에 많이도 고심을 했다. 최선이라고 생각하면서 들어섰는데도 얼마 지나지 않아 어리석음을 절감하는 삶의 반복이었다.

그 때마다 가슴만을 치고 있을 수는 없으니 다른 길을 모색하기 위해 더 많은 애를 썼다. 그러나 살기에 더 힘들게 하는 인생의 길눈이 어둠도 반복할 수만은 없었다.

이제는 여러 길을 무작정 가지 않는다. 꼭 필요한 잘 아는 길로만 들어서려고 한다. 그 길을 가면서 인생을 관조하려고 한다.

2. 남과 여

남녀에 대한 것과
사랑의 미스터리에 접근하며 그렸습니다.

여비(女婢)와 애첩

한국남성에게 남아있는 남존여비사상은 인력으로 털어질까. 그 세대들이 지구를 떠나는 날 없어질 거라는 누군가의 말에 연배들과 함께 수긍하며 웃었다.

조선말에 처음 발을 들여놓은, 서양인 선교사들은 남녀가 대비되는 생활모습을 기이해 했다.

"수수께끼다. 하루종일 골목길을 다녀도 일하는 남자들은 없고, 곰방대를 입에 물고 삼삼오오 장기를 두거나 집에서 낮잠을 자는 게 고작이다. 반면에 작고 약한 여자들이 하루종일 갖가지 일에 매달리며, 모든 일이 여자 손에 달려있다. 조선여인들은 노새보다 나을게 없다. 남자들은 노예를 얻기 위해 결혼하고 여자들은 이름도 없이 무시당하고, 법이란 자체는 여자를 위해 있는 것이 아니다."

그들은 우리네 모습을, 오지에 사는 원주민생활모습이 호기심을 자극하는 신기한 것만큼이나 미개의 나라로 보았다.

근대에 '여자는 일생을 통해서 아버지, 남편, 아들인 남자를 세 번 모신다'고 했다. 끊임없이 개선됐으나 한편에서는 아들 낳기 바램을 끊지 않고 있다. 아직도 남존여비 사상이 짙게 깔려 있음을 알 수 있다.

'여자는 뒤웅박 팔자'는 이미 옛말로 잊혀졌다. 그릇이 귀하던 시절에 박 한 쪽에 곡물 주입을 위한 구멍을 두 개 내어 보관하는 뒤웅박을 만들었다. 뒤웅박은 헛간이나 봉당에서 바로 놓이지 못하고 구석에서 이리저리 구르는 신세가 된다. 마찬가지로 어디로 시집가느냐에 따라 달라지는 신세가 여자라고 했다.

부계사회에서는 남자에게만 유리하게 정한 관습이 많다. 남자의 편리함을 위한 것이고, 이기적인 발상에 근거를 둔 것이라는 생각이 든다. 과도기에 대가족 집안어른은 자신만이 정체되는 삶을 사는 것만으로는 부족한지, 가족들과 가까운 친인척까지 그의 영향권에 들게 했다. 아직도 그런 의식이 강하게 자리잡은 가장은 현시대에 맞지 않아서 불협화음을 낳는다.

결혼을 하고 보니, 나이 차이도 있지만 봉건적인 가정에서 자란 남편과 세대차이를 크게 느꼈다. 구세대의 색깔이 짙게 남아있는 남편을 개화시키기 위해 나름대로 애썼다. 호수에 낚싯대를 드리우고 찌만 노려보고 있는 강태공처럼, 호시탐탐 기회를 놓치지 않고 실행했다. 권위적인 자세를, 배려하는 자상한 마음으로 바꿔 줄 것을 희망했다. 신선놀음의 구름 위가 아니고 땅위에 굳건히 서기를, 실제 생활에 맞게 변화하기를 절실히 원했다.

요즘은 친구처럼 지내는 젊은 부부를 보면서 느끼는 점이 많다. 그들은 처지에 맞게 시간을 활용하며, 같은 곳을 향해 손을 꼭 잡고 간다. 토요일 오후 고수부지에서 커플티를 입은 젊은 부부가 아이들에게 팔과 다리에 보호대까지 갖추게 하고 함께 인라인스케이트를 타는 모습은 부러운 그림이다. '부부는 마주보는 것이 아니고 한 곳을 보고 가야 한다'는 말은 고개를 절로 끄덕여지게 한다. 언감생심, 갓 구어 나온 그 말대로 바라는 것은 아니다. 우선, 마주보기를 간절히 원했다.

연탄보일러를 때는 시절, 수없이 나오는 연탄재를 버리는 옆집 남편을 담 너머로 보았다. 집안을 향해 남편을 호들갑스럽게 불렀더니, 무슨 일이 생긴 줄 알고 부리나케 나왔다. "저 집 엄마는 좋겠다. 저렇게 도와주니"라고 말하니, "저런 남자들 때문에 한국남자 망신 다 시킨다"였다.

당시 애처가로 소문난 미국 포드대통령이 앞치마를 두르고, 주방에서 요리를 하는 사진이 해외토픽에 났다. 극찬을 마지않는 내게 "참, 대통령이 채신없이 그 모양이 뭐야. 남자 망신을 대표로 시키는군"했다.

자신에게 유리하게 작용하는, 남존여비의 틀이 깨질까봐 방어하는 강한 발언으로 들렸다. 넓은 가슴 저변에 숨겨진 이기가 날름 혀를 보이는 순간이다.

상관없이 '볼 때마다 조금씩 변하겠지'하는 기대를 걸고, 그 사진을 냉장고에 붙여놓았다.

남편은 자신의 학문을 지나치게 사랑한다. 모든 열정을 한 곳에만 쏟아 부으니, 너무 건조해진 탓도 된다.

더 심할 때는, 학문에 대한 생각이 가득 찰 경우이다. 자신의 학문연구에 방해가 될까봐, 평소 언행에도 민감하게 반응한다. 처음에는 의아해했으나, 그럴 때만 나타나는 같은 행동을 보면서 절로 알게됐다.

지나치게 편중된 생활로 다툼이 있을 땐, 남편을 향해 힘이 들어간 목소리로 심한 말을 한다. 한동안 쌓인 불만을 참다가 하는 말이다.

"애첩(학문)을 너무 끼고 도니, 본처가 낄 자리가 있어야지. 저 깐 애첩(원고)은 불살라 버려야 해"하면, 아연실색하며 "가르치는 사람이 저렇게 무식한 말을 하다니, 쯧쯧……."

이런저런 말이 이어지나, 남편의 두 번째 출판기념회에서 남편친구가 내게 한 말을 되뇐다. 그는 얼마나 애로가 많으냐하며 자신도 같은 학문을 하기에 아내의 입장을 잘 안다며 위로했다.

아옹다옹이 그치고 낭만의 발맞춤도 함께 할, 그 언젠가를 기다린다. 실낱의 희망을 함께 붙인 사진을, 냉장고에서 떼는 날을 기대한다.

가까이 있을 때 빛난다

TV를 바꾸려고 백화점에 들렀다. 멀리 보이는 맞은 편 벽면에 가득 찬 TV에 시선을 고정시킨 채 많은 상품들을 가르며 향했다. DVD에 연결한 화면들은 퍼렇도록 선명하게 보였다.

더 할 수 없이 밝은 조명 아래 무수히 많은 화면 안에 꽉 찬, 똑같은 모습들이 빠르게 움직이고 있어, 훅하고 숨을 들이셨다. 백댄서들에 둘러싸여 춤추며 노래부르는 관능적인 미녀의 똑같은 모습의 많은 그림들이 눈길을 붙잡았다.

곱실거리는 금발을 출렁거리며 까무잡잡한 화장으로 야성과 백치미를 한껏 발산한다. 상반신의 깊게 파인 노출은 하반신 포인트의 부수적인 통과의례. 흰색의 꽉 낀 스판바지는 골격미 넘치는 하반신의 율동을 더욱 근사하게 한다.

성적인 관능미가 더욱 돋보여 한창 나이의 성적 매력, 남성과 대응되는 여성적인 지극히 여성적인 특성이 젊음과 조화된 발산으로 보기 좋았다. 그녀를 둘러 싼, 홍안의 미소년들로 그녀는 더욱 빛났다.

무형문화재는 변함없는 절대적인 가치를 간직하게 될까 하는 생각이 뇌리를 스친다. 우리의 전통 춤인 살풀이를 감상하게 되면 매료되어, 추고 싶은 마음이 간절해지면서 어느새 마음으로 함께 추고있는 자신을 깨닫곤 한다. 이처럼 우리네 전통예술을 만나면 변함없이 찬사를 아끼지 않았다.

우리 것에서 느낀 온유함과 달리, 순간적으로 예술적인 관능미에 빨려들었기에 전혀 다른 묘한 감동이었다.

남 대 여, 텔레파시, 상대적 성, 남녀 사랑의 미스터리의 영원함. 생과 사를 넘나들며 줄다리기하는 주인공 역을 모두 원한다. 그러나 무대를 종횡무진으로 무슨 역할이든 매력을 느끼는 이는 어떤 역이든 마다하지 않는다. 주역, 선한 역, 악역, 조역, 대역, 단역, 잡역…….

우리가 가치 있게 만들어낸 전통과 민중 속에 파고든 것의 괴리감은 어떻게 해결할까. 한 가지 색만을 고집하기보다 퓨전시대에 걸 맞는 제3의 문화의 다양한 탄생은 묘미를 더해 주지 않을까.

성악가 박인수와 가수 이동원이 조화로운 화음을 만들며 감미롭게 들려준 '향수'는 마음마저 잔잔한 아름다움에 물들게 했다. 우리 음악의 전통 악기연주와 오케스트라의 협연, 무용에서도 동양과 서양의 것의 접목의 시도를 자주 접한다. 가끔 새롭게 생성된 독특한 미는 신비함으로 다가온다.

삼십대 초, 직장 동료들과 회식 후, 나이트 클럽을 처음 가게됐다. 들어서자 눈을 크게 뜨며 멈칫 섰다. 명멸하는 샹들리에와 눈부신 조명 아래 비키니 여인들이 매우 야한 춤을 추고 있었다. 성적인 율동을 목적으로 한 극적인 춤은 보는 이의 말초신경을 건드리기에 충분했고, 촌스런 내 눈엔 별나라 장면이었다.

대조를 이룬, 젊은 남성의 춤추는 모습이 마음을 사로잡았다. 가슴을 달군 주인공은 타임머신을 타고 온 기개의 화랑모습이었다. 활옷 같이 멋진, 여러 겹의 비단옷을 휘날리며 원형의 무대를 돌고 또 돌았다.

야성미 넘치는 발구름, 진지한 일품의 표정, 박진감 넘치는 음악과 더는 하나가 될 수 없다. 일치의 합치다. 극치다.

강한 심장의 박동을 실은 활개 짓은 청춘의 특권이다.

모처럼, 방랑자의 기분을 내면서 축배의 잔을 든다. '고향선술집에 들른 방랑자여 잔을 높이 들어라. 우리들의 청춘을 위하여.'

술집 분위기는 지극히 현대적인데 취객의 마음엔 고향의 선술집이 되었다. 멋진 화랑의 모습으로 고조됨은, 인스턴

트를 파는 음식점에서 싱싱한 무공해 쌈을 맛보는 기분이었다.

며칠 전, 대형회관에서 한껏 품위를 다하며, 우리 춤의 최고를 자랑하는 인간문화재의 자진모리 발 동작을 볼 때, 20년 전 원형무대의 그 남자가 생각났다. 혹시 원형무대의 그 남자가 저 분이 아니었을까. 너무 비슷하다. '학생시절에 아르바이트를 하지 않았을까'하는 생각이 남은 웬일일까.

모두가 축하하는 장황하게 벌인 성대한 공연잔치가, 오래 전 우연히 보게된 작은 원형무대에서 청년이 추던 춤의 진한 인상을 지어주지 못했다.

고귀한 예술들이 특별한 사람들에게 속해 있을 때만 그 가치가 빛난다면, 민중들에겐 약속되지 않은 영원한 결별이다. 고귀하든 아니든 많은 이들에게 가까이 있어, 많은 감동을 선사할 때 더욱 빛을 발하게 되므로—.

얼크러지다

엄마를 찾으며 우는 아이가 또 생기려나보다.

몇 년 전, 자신의 집 앞에서 울고있는 사내아이로 눈시울을 적신 적이 있었다. 퇴근 길, 집에 당도하는 골목어귀에서서 석양의 빛을 가득히 입에 담고 울면서 "엄마~ 어디갔어. 엄마, 왜 안 와~." 엄마가 정부와 도망간 집, 막내아들의 울부짖음이었다. 어스름 저녁이 되면 돌아오는 엄마가 번번이 오지 않자, 쌓인 그리움이 설움으로 복받쳤을까.

비슷한 사건을 접하면서, 그 때의 그 아이모습이 떠올랐다.

점점 상상의 한계를 높이는, 얼크러진 시대상황에 동참하는가. 엄청난 일을 벌인, 그녀를 생각하며 충격과 비애에 싸였다. 투명한 피부와 수려한 이목구비로, 특별하게 생긴 그녀는 모습만큼이나 특별한 사고를 가졌다. 그런 그녀의 언행을 호기 어린 눈으로, 염려의 눈으로, 치기의 눈으로도 보아 왔음을 다수와 함께 공감했다.

내재된 것이, 예고된 것이 현실에 나타난 것일까. 자세한 내막은 알 수 없으나 그녀는 태어나서 지금까지 전부를 투자해 일구던, 어우러져 생활했던 것을 다 버리고 그녀의 남자와 해외로 줄행랑을 쳤다한다. 가족들 모두의 묶인 재산 전부를 챙기고도 모자라 부채까지 남기고.

그녀가 세 번째 아이를 낳은 지 얼마 되지 않았기에, 더욱 안타깝고 마음이 무거웠다. 받아들이기에 힘든, 그 내용에 충격을 받아 한동안 말을 잇지 못했다.

"그녀의 남편과 아이들은, 그의 아내와 아이들은, 그 들의 부모님들은 어쩌고 그럴 수 있지."

그녀의 경우처럼 특이한 상황을 만나면, 배필을 잘 만나는 것이 세상 어느 일보다 더욱 중요하다는 생각이 든다. 같이 일구어 놓은 가정을 깨트리는 것은 여러 면에 치명적인 타격을 주기 때문이다.

사랑 앞에도 수많은 수식어가 붙는다. 그녀의 사랑을 얼크러진 사랑이라 붙인다. 사랑뿐이 아니라 어떤 일이라도 얼크러지면 얼크러질수록 빠져 나오기 힘들다. 얼크러진 무더기에 엎어지면 일어나기 더 어려워진다. 오직, 자기 생애를 나락으로 인도하는 시작일 뿐이다.

노벨 문학상 수상작인 G.G.마르케스의 『백년 동안의 고독』에는 남녀 짝짓기에 관한 역사의 경종이 들어있다. 인간은 존재자체가 외로움일진대 당연한 고독의 해소를 위해 경계가 없는 근친간의 섹스행각으로 몰락하는 가문을 그렸다.

인간이 자존을 버리고 귀환 할 수 없을 정도의 향락으로 치닫는다면 결국 죽음으로 대신 할 수밖에 없다.

사랑이라는 미명아래 벌어지는 갖가지 일들을 '남녀관계는 영원한 미스터리'라는 말로 다 될까. 아주 작은 벌레들도 그들만의 삶의 방식을 철저히 지키는데. 한 쌍이 평생 부부자리를 지키는 두루미를 보면 존엄성마저 들게 되는데.

현대문화생활의 근간인 자연은 과학에게 자꾸 자리를 내어주어 점점 자신의 자리가 좁아짐을 어쩌지 못한다. 인간의 극단적인 이기의 위력 앞에 무력해질 수밖에 없는, 그 자연을 이성의 관계가 닮아가고 있다.

남녀간 사랑의 엄청난 힘이 일순간의 전부를 바꾸어 놓는다해도 사랑은 일시적인 감정에 지나지 않는 것을. 이성간의 사랑은 지극히 가변적임을. 불같이 타오른 열정의 사랑이면 더더욱.

잠간의 열정으로 소진되고 재가되어 돌아온 자신의 주체를 어디에서 찾을까. 아주 작은 미물마저 무색해질 허상의 그들을 만나면, 가슴언저리가 뻐근해질 것 같다.

한 때, 얼크러졌다 해도 엉킨 실을 풀 때처럼 끝자락을 붙들고 틈 새로 이리저리 헤쳐 나오면 언젠가는 귀소 본능처럼, 자신의 안으로 돌아갈 수 있을 텐데. 그 때야 그와 그녀, 모두가 온전해질 수 있을 텐데.

확신에 찬 신의와 여러 가지 끈이 이어지면서 쌓아 가는 공든 사랑의 탑일 때만이 온전할 것을.

사랑이라는 미명아래

사랑 탑

라디오에서 흐르는 선율이 아름다운 음악을 듣는다. 모처럼 일요일 아침부터 살림 잘하는 주부를 닮고 싶어, 대청소의 마무리로 안방을 닦는 중이다.

버릇처럼, 단순노동을 할 때엔 무언가를 골똘히 생각하곤 하는데, 뉴스시간으로 바뀐 내용이 귀에 꽂혔다. ○○동 아파트 10층에서 떨어져 자살한 중년남자에 대한 내용이었다.

이름, 장소와 직업, 자살한 이유들을 들으면서, 순간적인 육감에 소름이 돋는 동시에 숨이 멈춰졌다. 인간의 육감은 과연 어디까지일까. 틀림없이 내가 잘 아는 엄마의 남편이다. 다음날 그가 맞음을 알았다.

왜 자살했을까. 가정과 직장에서 최선을 다하는 성실한 남편으로 알고 있었는데—.

아내가 젊은 남자와 눈이 맞아, 둘의 전쟁이 동네를 시끄럽게 했다는 이야기를 들었다.

두어 달 전, 직장 친선대항 탁구대회에서 처음 본, 그의 모습이 떠올랐다. 왔다갔다하는 공을 먼 시선으로 보았던, 매우 어두운 얼굴을 한 채 서 있던 침울한 모습의 그가, 그 엄마의 남편이라는 말을 듣고 유심히 보았다.

그 때 이미 자신을 버릴 준비를 하고 있었던 것은 아니었을까. 자신을 버린 기대는 무엇이었을까. 그는 너무 가치 없이 자신을 버렸다. 그냥 버렸다는 말이 옳다. 불쌍한 바보처럼. 자신의 목숨을 버리기까지 한, 그에게 미안한 말이지만.

문상을 가서 들은 그의 아내의 "정신 이상이 있는 집안으로 우울증이 심하더니, 그렇게 했어요. 그런데 모든 사람들이 저만 탓하니 속상해요"라는 말을 듣고 더욱. 그가 절대적인 존재라고 생각하는 그의 아내는 그렇게 말했다. 그가 목숨과 바꾼 값어치는 단지 거기까지 만이었다. 그녀의 배반이, 그렇게 컸을까. 왜, 작은 배반을 아주 커다랗게 받아들였을까.

그의 죽음은 세상 돌아가는 이야기 중, 극히 일부분인 욕심에서 시작된 둘의 만남에서 예고된 것이라는 생각이 든다.

40을 바라보는 그녀지만, 창백하도록 흰 얼굴이 오히려 투명한 매력을 발산했다. 그가 처음 볼 때는, 더 특별했을 미모의 그녀에게 반한 순간부터 자신에게 맞지 않은 옷을 입기 시작했다. 장래 불행해질 몫도 순전히 자신의 선택으로 시작됐다.

어울리지 않는 둘의 모습과 12살의 나이 차이보다, 그녀와 교제하게 된 동기가 그랬다. 첫사랑 연인에게 실연 당한 그녀를 위로한다는 명목으로, 억지로 만든 욕심의 시작이 문제다. 신뢰와 순수한 정으로 맺는 부부의 먼 항해로는, 출발이 석연치 않았기 때문이다.

불행은 묘하게도, 그 형태에 맞는 욕심만큼 닮는다. 구태의연하게 지각되는, 인과응보의 한계는 어디까지일까.

오늘도 난 행복을 가져다주는 사랑 탑을 쌓으려고 열심히 일했다. 피곤해진 몸이나마 꼿꼿이 세우고 힐 굽에 힘을 주며 부지런히 집으로 향하고 있다.

이번 주말도 희망의 색깔로 윤이 나는 안방의 노란 장판을 힘껏 닦을 것이다.

애증

엄청난 애증을 주체하지 못해 언니의 자살로 끝난, 미모의 자매를 만난 것은 결혼하고 양품점을 할 때였다.

직장을 다니는 언니는 들꽃처럼 가녀리고 흰 살결과 섬세한 인상으로 살풋한 여성다운 모습이었다. 말씨가 조용하고 주인을 손님처럼 대하는 예의가 깍듯했다. 그녀는 단골이 되어 자주 들렀다. 바쁜 시간을 쪼개어, 집 가까이 있는 우리 가게를 이용한 거다. 자주 만나게 되면서 서로 좋아하게 되었고, 나를 언니처럼 따르면서 간혹 신상에 대한 이야기를 나누는 사이가 됐다.

그녀는 간호사로, 풍기는 분위기처럼 마음씨도 고왔다. 간간이 환자들과의 가벼운 에피소드를 들으면서, 환자들을 무척이나 사랑하며 정성껏 돌보는 아름다운 백의천사임을 알 수 있었다.

동생의 옷을 사려고 동행하는 적이 있다. 그녀가 아기를 낳기 전부터 동생이 상경해서 살림을 돕는다고 했다. 동생은 언니와 다르게 곡선미 있는 풍만한 몸매에 삼단 같은 머리를 길게 땋아 내린 섬 색시 같은 풋풋함을 겸비해, 묘한 매력을 풍겼다.

동생은 옷을 고르면서 자주 형부를 운운한다. 언니가 "이 옷이 네게 어울릴까. 너무 비싸지 않니"하면 "형부가 괜찮다고 했어. 형부가 사라고 했어"하는 말을 반복한다.

몇 달간 두 자매를 보지 못했다. 그리고 잊혀지고 있을 때다. 친척이 가게 근처에 있는 집에 세 들게 되었다. 우연찮게 그 자매가 살던 집인 것을 알았고, 믿어지지 않는 엄청난 사실을 알게됐다.

언니가 자기 집 다락방에서 자살 한 것이다.

언젠가 동생이 긴 머리를 자르고 아기를 업고 가는 엄마 같은 모습을 보았다. 그 때 이미 언니는 이 세상 사람이 아니었던 것이다. 그간의 고통을 주체하지 못하고 자살한 언니가 너무 불쌍했다.

형부는 동생의 건너 방을 둘만의 밀회 방으로 만들었고 점차 노골적인 사이로 발전되었다. 언니가 아기를 낳고 직장을 다니느라 타임제로 밤에 들어오지 못하면서 둘의 사이가 급진전된 것일까.

당시 동네에서는 말이 무성했다한다. 소문은 동생이 이용하는 구멍가게 주인에게서 시작됐다.

"한 밤중에 산책을 하러 나가는 그들을 자주 보면서 이상하게 생각되었다. 심상치 않은 둘의 모습을 보면서 언니에게 주의를 환기시켰다. 언니가 자살한 그 날 밤을 잊을 수가 없다. 형부와 동생이 함께 맥주를 사러와서 하는 둘의 말에서 흉흉한 살기를 느꼈다.

형부, 언니에게 무엇을 마시게 하면 좋을까하고 묻는 동생의 말에, 소주, 음— 맥주, 음— 술을 잘 못 마시니, 맥주를 사가자 하며 여러 병을 사갔다.

그날 밤, 언니는 맥주와 수면제를 먹고 잘 죽어지지 않으니, 다락방에 목까지 매달았다.”

어설픈 동생이 가게에서 횡설수설한 것을 들은 주인에게서 나온 추측이다.

그들은 과연 지고지순한 언니를 절벽벼랑 끝으로 밀었을까. 철부지 동생이 벌여놓은 일을 시골부모님이 알세라, 애증을 안고 혼자만 고민했던 언니의 심정은 어떠했을까.

영원히 미스터리로 남아야할 사건인가. 영혼으로 떠도는 언니는 그렇게 되기를 간절히 바라고 있는 것은 아닐까.

아기가 감기에 걸려서 약을 짓고 들렀다며, 아기가 걱정이 되어 근무하기 어렵다고 했던 호소가 생각난다.

수호천사인 언니는 모두를 위해, 갓난 아들을 눈에 넣은 채 영원히 잠든 것일까.

외계인의 사랑 법을 만들어 놓은 이들은, 알 수 없는 미명의 사랑을 내세워 가려 놓고 어디까지 진실을 은폐할 수 있을까.

순이와 김병장

"주절이, 오래간만이네. 그간 어디서 지냈나." 지하철 입구 중에서 제일 좋은 자리를 잡은 '왼쪽 문'이 묻는다.

"어제는 합숙소에서 잤지." 어깨를 으쓱 하며 자랑한다.

"보여 줄게 있는 데, 자네 글 읽을 줄 아나?" 모처럼 돈이 생겨 안락한 잠자리에서, 간직한 시상을 시로 완성한 '주절이'는 뻐기며 묻는다.

"사람을 뭐로 보고 깔봐." 왼쪽 입구 후미진 아늑한 명당자리 임자임에 자긍심이 대단한 '왼쪽 문'은 눈 꼬리를 치킨다.

없는 듯해야 쫓아내지 않는다는 경비의 다짐으로 푹 꺼진 분위기에, 모처럼 동지들의 떠들썩한 소리로, 푸시시 털고 일어난 '바바리'가 다가오며 묻는다.

"여보게들, 뭐 신나는 일이 있으면 같이 하세."

"바바리 오랜만일세. 그간 어디라도 다녀왔나. 공중전화가 안 보이네. 아직도 그 짓 하러 다니나?" '주절이'가 묻는다.

'공중전화'는 회사가 부도 난 후, 어떻게 하든 가족이라도 보호하기 위해 집을 나왔다. 항상 전전긍긍한다. 하루라도 가족의 목소리를 듣지 않으면 자신이 누군지 잊는다고 하면서, 전화를 걸 수 있는 기회를 잡기 위해서 하루종일 공중전화가 있는 곳을 서성여서 붙인 이름이다.

순이의 짝인 김 병장, 꼭 붙어 다니는 둘의 모습이 사이좋은 남매 같아 '잉꼬남매'로 통했다. 웃으며 재잘거리는 순이의 옆에서 항상 만면의 미소로 응했다. 으레 "삐그덕" 하는 문소리에 뒤이어 "충성!"하며 들어섰다. 김 병장이 휴가를 나올 때마다 순이와 데이트 중에, 시내에서 가게를 하는 내게 들른 것이다.

여고동창인 순이의 자매들이 모여서 재담이라도 나누면, 백옥같이 고운 얼굴들의 모임이라 사람들의 시선을 끌었다. 여고 졸업 때의 보인 풍경이기도 하지만 더욱 눈길을 끈 것은 그 들 자매 중에서도 국제 결혼을 한, 제일 멋진 팔등신의 셋째 언니와 영화 배우 같이 매력적인 금발의 형부였다.

순이도 빠지지 않는 미모로 누구보다 일찍이 남자 친구

를 만났고, 8년이나 사귀다 결혼했다. 그들의 교제기간이 길어서인지 우리들과 자연스럽게 자리를 같이 한 적도 있었다. 순이는 모처럼 휴가 나온 김병장과 잠시도 떨어져 있기가 아쉬운지, 군복을 입은 그와 함께 입대전보다 자주 찾아왔다. 김병장은 군복과 군모가 썩잘 어울리는 말쑥한 귀공자형이었다. 순이와 대학 초부터 단짝이 된 둘은, 둘 다 얼굴이 훤하고 밝아서 호감을 주기에 충분했다. 우리들과 자주 접하게 된 것은 병장이 될 때이기에, 편리하게 붙여진 별칭이 '김 병장'이다.

김병장의 제대 후 명문대를 졸업하면서 둘은 많은 이들의 축하를 받으며 결혼을 했다. 이어 김병장의 아버지와 관계되는 건설회사의 임원으로 발탁돼, 신입사원 시절부터 의기양양한 출발을 했다. 당시로는 귀한 자가용까지 나와, 신혼 초의 순이는 대 만족이었다. 회사의 부도로 그 기간이 길지 않았고 불행의 시작으로 이어졌다.

처음부터 대우를 좋게 받은 것이 원인이었을까. 웬만한 회사는 눈에 차지 않아 했고 입사를 해도 적응을 못하고 바로 나와버렸다. 순이는 그런 상황을 참아내며 이제나저제나 하며 수년을 견뎠다. 김병장은 "내게 얼마만 있으면, 무엇을 해 성공할텐데." 할 일없이 빈둥거리며, 허황한 뜬구름 잡는 말만 되뇌었다.

둘 사이에 울타리인 아이마저 없어서 결혼생활을 이어

갈 명분이 없어졌다. 일자리도 찾지 못하는 김병장은 둘 사이에 아이가 없다는 핑계로 쉽게 딴 살림을 차렸다. 결혼 전부터 오랜 세월동안 정이 든 순이지만 더 이상 버티지 못하고 이혼을 단행했다. 둘의 상황은, 주위에서 결혼생활의 영위를 위해 어떻게 해줄 수 있기보다, 긴 세월을 맞추려고 애쓰는 순이에게 마침표 찍기를 종용하기도 했다.

혼자 된 순이는 생활비를 마련키 위해 몇 군데 직장을 다녔으나 여의치 않았다. 우리 나라에서의 삶의 적응에 어려움을 느끼고 실증이 났다.

바로 위 언니와 자기만 남고 셋째 언니를 선두로 언니 둘과 엄마까지 이민을 갔기에, 뒤를 이어 이민 가기로 결정한 순이는 미국에 대한 동경심이 부풀어 열망으로까지 발전되었다.

부푼 꿈을 안고 새 생활을 위한 준비를 했다. 힘든 일이라고는 별로 한 적이 없던 순이는 이민 가서 살길을 마련키 위해 미싱자수학원에 다니면서 기술을 익혔다. 미련 없이 모든 것을, 과거를 버리고 홀가분해 하며 떠났다.

미국시민이 될 사람으로서 애정의 싹을 키울 터이지만, 자회사의 상품을 팔기 위해 홍보하는 담당자처럼, 미국이 우리나라에 비해 어떤 점이 좋고 어떤 점이 다른가에 같은 민족의 피가 흐르는 사실을 무색케 할 정도로, 극구 칭찬

일색이다. 좋은 점이 있기는 하다. 자신의 호구지책을 제공한다는 것은.

순이와 일과는 거리가 멀어서 일까. 몇 년 지나지 않아 르마티스가 손가락까지 퍼져 더 이상 미싱자수를 놓을 수 없어 직장을 그만 두게 됐다. 선진국이 좋기는 하다. 퇴직 후 연금이 나와 생활하는 데에 지장이 없고, 치료비도 무료로 복지국가의 면모를 실감케 한다.

둘 중, 한 사람이라도 강한 생활력이 있었다면 덜 안타까울 텐데. 부모에게 소속되어 있을 때만이 애면글면해 신선노릇이지, 성인이 되고 부모가 늙어 능력이 없어지고 돌아가시면, 그 누구도 당신들을 위해 해줄 수 있는 사람이 없다는 것을. 현재 내가 처한 상황이 좋을수록 착각하기 싶다. 영원한 것은 아무 것도 없다. 좋은 때에 준비했어야 했다. 누군가가 자신을 사랑하고 자신의 존재가 귀할수록.

김 병장은 가정이란 성에 울타리를 제대로 치지 않고 쉽게 출발했다. 신혼 초부터 술집의 현란한 조명아래, 모를 여자와 어깨동무를 하고 술을 마시는 광경이 목격 됐다. 있는 집안의 막내아들로 자란 귀공자는, 세상물정이 어떤 건지 알 새가 없었다.

김 병장에겐 그 후 다른 처자가 있었으나, 김 병장의 딸까지 둔 여자도 끝내 김 병장을 참아내지 못하고 헤어졌다.

갈 데가 없어진 김 병장은 간혹 순이에게 찾아와서 횡설

수설하며 손을 벌리기 일쑤였다. 그마저 여의치 않아지자 순이가 안보는 틈을 타서 라디오 등을 훔쳐 가는 것을 반복하는 안일한 생활을 했다.

"어디지. 여기가." '주절이'가 정처 없이 떠돌다 온 곳은 낯설지 않다.

"아, 맞아. 순이와 내가 살던 동네다. 왜 순이를 생각해 내지 못했을까."

'주절이'는 자신의 머리를 주먹으로 두드리며 참으로 멍청하다고 생각했다.

"순이가 좋아 할거야. 그녀는 내 시를 무척 좋아했으니까."

어제 저녁엔 어렵사리 얻은 돈으로 합숙소에 들어가, 순이에게 자신의 마음을 전하기 위한 시를 짓느라 밤잠도 설쳤다. 순이를 본지도 벌써 3년이나 지났다.

"나, 저 쪽 동네 아파트에 좀 볼일이 있어서 빨리 가봐야 해." 동료들에게 뻐기곤 서두르며 바삐 간다. 양복을 빌려 입긴 해도 쌀쌀한 날씨에 팔다리가 깡충 하다.

이즈음 세태의 소산으로 부랑자가 많으나, 그는 일찍이 선배로서 자리 잡은 것은 아닌지. 꿈에게 실연 당한 사람들을 만나려고.

귀하게 자란 그가 행려자가 되어 순이를 찾아왔다

"딩동!"

"누구세요."

"순이야, 나야. 주절이 아니 김 병장."

"볼 일 없으니 그냥 가봐."

"꼭 보여 줄 것이 있어. 잠깐이면 돼. 순이를 위해 지은 시를 주고 갈려고. 내가 순이를 얼마나 사랑하는데……."

"보고 싶지 않으니, 그냥 가."

"다시는 안 올게. 잠깐 열어봐. 시 값으로 만원만 주면 돼."

우유 투입구로 만원이 나왔고, 시가 적힌 종이가 들어갔다.

8년간의 연애기간이 그의 생활의 황금기였다. 그 것으로 그의 일장춘몽은 끝났다. 가장의 부적격으로 결혼에 실패. 세월이 흘러 나이 드니, 돌봐줌에 길이든 그의 곁에는 아무도 없었다. 준비가 필요한 때 준비하지 않은, 안일한 김 병장은 간데 없고 끝내 '주절이'만 남았다.

혼자서만 꿈꾼 시는 쓰레기통에서 비웃는다. 세상을—.

오늘도 난 지하철에서 부랑자를 만나면, 숨겨진 김 병장을 찾는다.

3. 소 망

소망을 이루며 살기를
바라는 마음이 들어 있습니다.
자신을 비롯해서 가족, 친지, 이웃 모두가
간절히 바라는 일들이 이루어질 염원을 함께 합니다.

스포트라이트

살면서 신기한 일이 반복해서 일어나면, 그 일을 의식하게된다. 의식된 일이 여러 번 반복하면, 그 일에 확신을 갖게된다. 확신이 선 것을 삶의 좌표에 넣고 생활에 영향을 주기도 한다.

어떤 이는 꿈이 좋으면 좋은 일이, 아니면 나쁜 일이 십중팔구 생긴다고 한다. 그런 일이 반복되다보니 중요한 일이 있을 때는 꿈에 따라서 일의 가부를 결정한다고 한다.

긴 세월을 살면서 안 좋다고 터득된 것을, 나름대로 정한 말이 보편화되는 경우가 있다. 구전으로 전해 내려오는 옛말들을 접하면, 조상의 생활지혜와 슬기가 담겨있는 깊은 뜻에 절로 고개가 끄떡여진다.

'밤중에 손톱을 깎으면, 쥐가 모았다가 당사자가 죽으면 쫓아와서 먹인다'는 말은, 예전에는 손톱깎이가 없어 가위나 칼로 손발톱을 깎았기에, 어두우면 다치기 쉬워서 생긴 말인 듯하다.

'밤중에 방을 쓸면, 복이 나간다'는 말은, 온 가족이 모였을 때 방을 쓸면 먼지가 나서 건강을 해치니까 생긴 말로 이해된다.

'다리를 흔들면, 복 나간다'는 말은, 다리를 흔들면 불안정해 보이고 버릇도 되기 쉬워, 체신이 없는 몸짓을 하지 못하게 한 듯 하다.

'현관에 거울을 걸면, 남편이 바람을 피운다'는 말은 최근에 들었다. 모임에서 처음 들은 말로 해석이 분분하다가 두 편으로 나뉘었다. 남편이 나갈 때마다 매무새를 살피니, 더 멋이 나서 바람피울까봐 생긴 말인가 보다, 밤에 현관 거울에서 머리를 풀고 흰 잠옷을 입은 자신을 보고, 귀신으로 착각하고 기절할까봐 생긴 말 같다는 누군가의 말이 그럴듯하다며 함께 웃었다.

내게도 금기된 말 중에서, 의식하게된 말이 있다. 어린 시절, 이웃어른들이 빙 둘러앉은 한가운데 앉지 못하게 하면서 "둘러앉은 사람들 한 가운데 앉으면 일찍 죽는다"는 말이다. 그 말은 왜 생겼을까. 가운데 아이가 앉으면 어른들의 이야기가 불편해지니 생긴 말일까.

살아오면서 경험으로 터득되어진 그 말에 다른 의미를

부여하고 싶다. 여럿 중에서 유독 중심인물이 되어 너무 튀지 않는 것이 좋겠다는, 지나치게 튀면 팔자가 세어진다는 뜻으로 해석하고 싶다.

살면서 알게된 주위사람들 중에서 특별하다고 생각되는 사람, 스포트라이트를 받는 사람 대부분 그리 썩 잘 풀리지 않는 경우를 본다.

도시의 유행물결을 제일 먼저 가져다주던 친구는 언제나 재미있는 이벤트를 마련해서 우리들을 즐겁게 했다. 그녀는 얼굴과 몸매가 예쁘고 세련되어 남녀 여럿이서 어울리는 자리에서는 누구보다 빛났다. 노래부르는 모습의 재기발랄함은 친구인 내가 보아도 반할 정도였다.

그 친구의 일생을 보면 스포트라이트를 받은 가장 아름다운 시절이 지난 후엔 다시는 그런 좋은 시절이 오지 않았다. 미인박명이란 말에 맞추었나. 결혼 생활이 평탄치 못하다가 결국 이혼하고 친정부모님과 아들의 보호자로 생활전선에서 고생만 하다, 일찍 저 세상으로 갔다. 간혹 그 친구가 생각나면 '너는 언제나 젊은 미모로 남아있단다'하면서 명복을 빌어준다.

큰 장점을 갖고 있는 사람 중, 남을 비하하는 마음이 가득해서 군림하려는 자만심이 팽배한 사람이나, 자신의 기분에 맞춰 줄 것을 강요하는 독선적인 사람은 이별을 겪거나 행복한 결혼생활이 아닌 경우를 본다.

스타의식이 강한 정치가나 연예인은 스포트라이트 받기를 원한다. 최고의 영예를 꿈꾸고있는 사람들의 지나친 욕망을 흔히 본다. 그들의 원대한 꿈이 실현되는 경우는 매우 낮다. 그들 대부분 적게는 상실감을, 많게는 자멸을 자초한다.

반대의 경우인 '부부가 지나칠 정도로 금실이 좋으면, 둘 중 한 명을 일찍 하늘나라에서 데려간다'는 말도, 남이 시샘할 정도로 너무 튀어 보이지 말라는 경고가 아닐까.

스포트라이트를 받은 사람이 좋지 않은 방향으로 가는 것을 보면, 불가사의의 한 올을 잡은 듯해 이상한 기분이 든다. 샤머니즘과는 거리가 멀지만 마음에 와 닿는 것을 어쩌진 못한다.

살면서 겪은 스포트라이트의 이런저런 경우가 징크스처럼 자리 잡으면서 희로애락에 지나치게 연연하지 않게 됐다. 여럿이 함께 하는 자리에서는 너무 튀거나 돌출행동이 되지 않도록 조심한다. 사람들 가운데 위치해서 남이나 여럿의 일에 좌지우지하지 않는다.

상대와 다툼이 있을 때엔 팽팽히 맞서던 시절도 있었으나 이젠 굳이 이기려고 하지 않는다. 지는 것이 이기는 것임을 알았기 때문이다. 결혼 10년 후, 부부전선에서 언제나 져준 남편이 이긴 것을 알았다. 그 사실을 깨달을 때, 자신이 바보 같았음을 어찌 말하랴.

스포트라이트를 받는 것이 사람 한가운데 앉는 것이기에, 스포트라이트를 조심하지만 소망하지도 않는다. 어쩌다 스포트라이트를 받게 되면, 호사다마(好事多魔)가 기다리기도 하니, 최대한 몸을 낮춘다.

너무 행복할 때, 가려져 잘 보이지 않는 마음구석 한편에 두려움이 물듦은 무엇일까. 적막감마저 감도는 고요한 정적이, 폭풍전야의 예고 같은 전시심리 같은 것일까. 그저 평온한 그날그날이 좋다.

육체와 정신

마인드 컨트롤

'음울함의 그림자'는 약해진 사람의 정신 틈을 호시탐탐 노리는 적군이다. 습관적인 음울 골이 깊어지면 병원신세를 지므로, 초반에 이기지 않으면 낭패를 보기 십상이다. 내가 내게 지배당하면 보이지 않는 우롱이 담긴 비참함에 동참하는 것이다. 그대로 함몰될 수 없다.

귀한 내용물이 담긴 그릇이 깨지면, 아무리 귀하다해도 헛되이 무산된다. 병든 육체를 아무리 애써도 되돌리지 못하면 깨끗이 승복해야한다. 그러나 내가 기선을 잡을 수 있는 정신에게 허허실실, 쉽게 당할 수만은 없다. 원하지 않는 내 정신의 한 쪽이 적수로 변해, 나를 좌지우지하는 것을 허용할 수 없다.

사춘기에 감당하기 어려운 일이 겹쳐, 우울의 나락으로 빠지면서 정신병을 시름시름 앓은 적이 있었다. 당시에는 신경정신과가 없고 내과처방이 전부였기에, 스스로를 구제할 수밖에 없음을 깨달았다. 어두운 그림자는 자지러짐의 소름을 선사하며 시시때때로 스쳐간다. 자신을 그대로 놔두면 그 끝이 어디일지 무섭고 두려웠다. 육체를 좀먹는 바이러스처럼 정신을 공략하는 적은, 우울을 동반한 습관성임을 터득하면서 스스로 방어해야한다는 위기감을 가졌다.

예고 없이, 정신을 해치는 '우울의 자락'이 막강한 힘으로 밀어붙이면 순간 당황한다. 그런 일이 자주 반복되니 적병의 잠입초반에 감지됐다. 이 때가 기선을 잡아야 하는 절대적인 기회다. 한편의 마음으로 침입하는 초반에, 다른 편의 마음이 적군의 침략을 막기 위해 성문을 철통같이 지킨다. 막강한 힘의 병사가 되어 쳐들어오는 적군을 향해 전력투구의 장을 펴야한다. 찰거머리 근성이 있으므로, 손자병법에 의거한 '전쟁을 유리하게 이끌기 위해서는, 먼저 주도권을 잡는 일이 중요하다. 상대방 작전에 말려들지 않고, 이쪽 작전에 말려들게 해야한다'처럼, 더욱 치열한 투쟁을 벌인다. 내가 내게 지다니, 그처럼 분한 일이 어디 있겠나. 절대로 지지 않겠다는 결심을 다지면서, 내 안의 나와 벌이는 처절한 싸움이다.

자가치료는 절대적인 것이므로, 보다 강하게 밀어내야 했다. 그 다음, 전염병에 걸리지 않으려면 예방주사를 맞거나 환경여건을 청결하게 하듯, 정신병 예방으로 성격의 단점을 찾아 고쳤다.

우선, 적군인 우울이 쳐들어오면 재빨리 위기를 탈피하기 위해서 다른 일을 찾아 몰입했다.

다음, 우울해 지기 쉬운 성격을 명랑한 성격으로 고치기 위해, 가족이나 친구들과 어울려 웃고 떠들었다. 안에서 곪기 전에 쏟아내면, 곧 잊게된다. 웃고 떠드는 것은 복잡한 성격을 단순화시키기 위한 것이다.

마음을 다잡고 정한대로 끈기 있게 노력하니, 성격이 명랑하게 변하면서 '우울의 그림자'도 점차 줄어들며 사라졌다. 여고생활기록부에 성품이 명랑하다는 내용을 보고 손자병법의 결산이 들어있는 듯해서 감회가 새로웠다.

사람들은 정신보다 체질에 더 관심을 갖고 씨름한다. 체질을 개선하면, 신체의 단점을 고치고 건강을 찾는다는 것이다. 정신과 육체 중에서 어느 것이 더 중요할까. 닭이 먼저냐, 달걀이 먼저냐의 문제처럼 결론 내리기가 용이하지 않다.

무엇보다 중요한 정신을 담고있는, 귀한 육체이니 비위를 맞춰야 한다. 성심 성의껏 보살펴 배반의 날이 오는 것을 최대한 늦춰야 한다. 좋은 세월을 님들과 함께 보낼 수 있게…….

봄에는 수줍어 홍조 띤 얼굴로 숨어있는 진달래 잎을 따서, 낭군에게 대접할 두견주를 담글 수 있게.

여름에는 책상에만 앉아있는 낭군 뒤에서, 우리도 언제 더위를 식히러 갈건가하며 넋두리 할 수 있게.

가을에는 진한 계절병이 도졌다며, 놀러가자고 친구들을 불러낼 수 있게.

겨울에는 앙상한 가지에도 공평하게 나눠 핀, 백설화의 잔치 뒤로 모두 숨은 멋진 정경에 매료될 수 있게.

선택의 조건

대학시절 재색을 겸비해, 빛나는 친구가 있었다. 그녀의 사연은 우리들의 가슴에 상흔으로 남아있다.

친구의 연인도 이목구비가 수려한 재원으로, 어느 커플보다 썩 잘 어울렸다. 졸업하고 얼마 지나지 않아, 하객들의 축하와 부러움을 한껏 받으며, 백합 꽃길 속에서 성대한 결혼식을 올렸다.

두 딸을 낳고 알콩달콩 살다가, 셋째 아이를 임신하면서 깨지는 두통과 함께 행복도 깨지기 시작했다. 임신으로 인한 두통인가하며 넘기다, 견디기 힘든 통증으로 병원을 찾았다. 진단의 결과는 뇌종양이었다.

의사는 수술을 빨리 할수록 좋다고 했다. 아이를 포기하든지, 낳을 때가지 고통을 견디든지였다. 후자를 선택하고 몇 달간의 고통을 잘 참아낸 후에 건강한 아들을 순산했다. 간절히 바라던 아들이었으나 기쁨의 겨를은 잠시였다.

뇌수술 전의 진단결과는 종양의 방향이 애매해서 정신을 살리느냐, 육체를 살리느냐를 선택해야했다. 불멸의 밤들을 지새우고 어렵사리 내린 선택은 정신이었다.

양면이 다 구제되기를 간절히 바라는 가족들의 초조함 속에서 긴 시간의 수술이 끝났다. 진단대로, 정신은 그대로인데 몸은 누워서 조금도 움직일 수 없는 식물인간이 됐다. 정신만 번뜩이는 칼끝처럼 살아있다.

남편이 정성을 보일 새 없이, 정신의 날을 곤두세운 아내의 등살에 도피하듯 지방으로 자진 전근했다. 그녀는 극도로 예민해진 마음을 더는 견디지 못했다. 휠체어에 묶인 몸을, 만류를 포기한 친정식구에게 의지하고 남편을 찾아 먼길을 떠났다. 심한 의부증세는 회사 내에서의 남편의 처신을 곤란하게 했다.

아내의 괴롭힘에 더 이상 버티지 못한 남편이 이혼을 요구했다. 히스테리를 동반한 치열한 대립 후, 그녀의 승복으로 끝났다.

남편이 두 번째 결혼한 멋진 아내와의 생활을 "이런 행복한 세상이 있었다니"라고 한, 행복에의 탄성도 생략하자. 가슴깊이 파고드는 아픔을 더 이상 견디기 힘드니까.

친구는 오늘도 인기척만 들리면 구슬피 엉엉 울거나 악을 고래고래 쓰는 나날을 보내고 있다한다.

어쩔거나, 어쩔거나.

사랑하는 모든 이는 내가 성할 때만 거기 그 자리에 있는가. 육체가 나를 떠나니 모두가 뒤돌아 서는구나.

육체가 정신을 배반하면, 정신은 조용히 고개를 떨구어야 할까보다. 정신이 육체를 떠나면 내 몸도 내가 아니니, 나를 어디 가서 찾을까.

정신병

신혼여행 후, 시골에 있는 시가를 찾아갔다. 황혼을 가린 야산으로 이미 땅거미가 든 동네를 들어섰다. 조그만 창마다 비치는 등불이 희망의 휘파람처럼 일렁이던 제2의 고향이다.

초입부터 마을을 끼고 돌아가는 길에 서있는 소나무들로 한껏 풍치를 더 한다. 백령이 더 된 소나무들이 줄지어 서 있어, 마을을 안으로는 포근하게 감싸고 밖으로는 옹호하는 기개가 개선장군처럼 늠름하다.

그 동리에 사는 친척언니는 순박하고 온순한 전형적인 농촌아낙이다. 시골 밖에선 산 적이 없는 언니는 남편에게 순종하고 3남매도 어루며 평온하게 살았다. 언니네는 언니가 농사를 도맡아했다. 형부는 집안기둥으로만 존재하듯,

언제나 나들이 차림으로 농촌하고는 어울리지 않고 동떨어진 모습이었다.

10년쯤 뒤, 며칠 안 되는 간격을 두고 순박한 언니에게 벅찬 사건이 연달아 일어났다. 성인의 길목에 들어선 큰딸이 남자들에게 농락을 당할 뻔해서 놀란 가슴을 다스리기도 전에, 갑자기 큰아들 입영영장이 날아온 것이다. 아직 세상물정을 잘 알지 못하는 촌부언니는, 영장이 나오면 죽으러 가는 줄 알고 허한 가슴과 함께 정신을 놓은 것이다.

분명히 잠을 잤는데도 한숨 못 자서 죽을 것 같다고 계속 칭얼거리거나, 파리들이 입가에 달라붙어도 의식하지 못하고 멍하니 앉아 있다. 형부는 평소와는 다르게 언니가 하는 양을 모두 받아주고 어린애 다루듯 하며 병구완에 최선을 다해서 안심이 됐다.

백방으로 손을 써도 차도가 없게되어 상경했다. 근처에 있는 국립정신병원의 입원차례를 기다리며, 우리 집에 묵게됐다. 한달 이상 기다려야 하기에 손놓고 있을 수가 없었다. 개인병원을 다니거나 입원을 하게 됐는데, 심한 관리를 이기지 못하는 듯 얼굴이 검게 변했다. 언니는 3년이나 심한 정신병을 그렇게 앓더니, 아들이 제대하자 언제 그랬나싶게 원상으로 돌아왔다.

친척언니 때문에 정신병원에 드나드는 동안, 환자들을 볼때마다 마음이 아팠다. 높지 않은 담을 사이에 두고 세상

밖과 안에 존재하는 이들의 부조화, 그 간격을 절감했다.

담 밖의 세상을 보면 생존경쟁을 벌이느라 치열한 자리다툼이다. 걷는 이를 밟고 올라가 뛰는 이, 뛰는 이 위에서 날아다니려는 사람들이 경쟁을 벌이고 있다. 성공을 향한 의지가 강한 사람일수록 이기심이 많은 경우가 흔하다.

그 당시 최고의 명문대에서 "상대편을 밟고 올라가야 한다"고 가르친다했다. 그들은 더욱 삭막한 세상을 만드느라 애쓰는가. 인정이 실종된 채, 극치의 이기가 되도록 종용한 격이다. 이기가 팽배되어 위기감마저 들기 시작했던 시절이니, 마른 가지에 기름을 붇고 불을 당긴 역할을 한 것이다.

유언비어겠지.

예서 앓는 이들은 자신도 추스르지 못하고 있는데…….
그이들에게 오히려 싸한 아픔의 아름다움을 느낀다.

고운 새댁은 또 딸을 낳고 생긴 산후 생리적인 우울증과 고부간의 갈등이 겹쳐서 병이 깊어졌다. 평소 말을 할 때는 괜찮은데 시어머니만 보면 경기가 나고 입이 굳어버린다고 한다.

정신병 환자들은 눈의 초점이 흩어져 흐릿하다. 팔을 꼭 붙이고 똑바로 걷는다. 입을 굳게 다물기도 한다. 잠을 자고도 안 잤다고 생각하며 자려고 애를 쓰느라 자신을 괴롭힌다. 평소에는 어렵지 않게 나가서 했던 일을 너무 벅차다며, 긴 동안 도리질을 하거나 심하면 발작증세를 보인다.

잘 처리하던 집안 일을 앞에 놓고, 어떻게 해야할지 모른다며 닭똥 같은 눈물을 떨구며 운다. 눈을 크게 굴리면서 주위 사람들 모두를 의식하며 살핀다. 이 세상소리는 다 의식해야만 하는 듯, 바람에 이는 나뭇잎소리까지 귀기울여 듣는다.

처연한 자식처럼 속상한 슬픔이 인다.

사람은 네 발로 기어다니다 두 발로 서서 걸음을 떼기 시작한다. 세상살이에 자신을 잃은 이들은, 어른이 돼서 다시 네 발로 기어다니며 굳건히 설 수 없다고 울먹이니 가족은 애달프다.

육체가 정신을 배반하면 정신은 깨끗이 백기를 든다. 육체에게 세월의 비위를 맞추면서 정신의 마무리를 한다. 내 정신은, 혼을 담은 몸이 더욱 견실해주길 원하지만 인력으로 어찌 할 수 없으니 승복해야한다. 정작 닥치면 어찌될지 알 수 없으나.

배는 견고한데 선장이 병든다면, 그처럼 억울하고 속상한 일이 어디 있겠는가. 빨리 고치지 않으면 표류하다 난파선이 될, 배에 무엇을 담고 갈 수 있을까. 여생을 한껏 살아도 짧은데, 자신을 스스로 병들게 한다면 너무 안타깝다.

몸과 마음을 잘 다스리면서 알뜰한 삶을 일구어야겠다. 둘 중 어느 것이라도 탈이 나면, 길게 산들 살아간 세월이라 할 수 있을까.

기적의 소망

잘될 거라고 예상되던 일이 꼬이기 시작하면서, 성사되지 않는 경우를 '머피의 법칙'이라 한다. 어렵다고 예상되는 일을 시도할 적에, 우연찮게 자신이 원하는 방향으로 되는 경우도 있다. 일이 쉽게 풀려서 좋은 일만 연거푸 일어나는 경우인 '샐리의 법칙'이다.

일상생활에서 자주 겪는 일 중, 좋지 않은 일에 대한 '머피의 법칙'이 '샐리의 법칙'보다 더 알려졌다. '머피'는 자신의 일이 더 잘 되길 원하는 소망이 큰 바램이다. 이는 좋은 상황을 바라는 인간심리에 반하는 경우로, 사람들은 '머피'에 더 관심을 갖는다. 반대급부의 욕망으로 상대적인 것이 더 부각되는 심리적 요인도 포함된다.

택시를 기다리면 반대편 차선에만 빈 택시가 많거나, 큰

맘 먹고 세차하면 비가 온다거나…….

노래로 같은 심리의 생활전선을 위로하기도 했다.

"……친구들과 미팅을 갔었지. 뚱뚱하고 못생긴 애 있길래, 걔만 빼고 다른 애는 다 괜찮아. 그러면 꼭 걔랑 나랑 짝이 되지. 나는 도대체 되는 일이 하나 없는지. 세상 모든 게 다 내 뜻과 어긋나 날 힘들게 하여도, 내가 꿈꿔온 내 사랑은 널 위해 내 뜻대로 이루고 말 테야."

노래말미에 '머피의 법칙'은 인간의 힘으로 타파할 수 있다는 의지의 힘이 실려 있다. 우리는 어떠한 환경이나 조건에 얽매이는 사람들이 아니다. 환경을 지배하는 사람으로, '머피의 법칙'은 아무런 의미를 담지 않은 인간의 의식만 들어있다. '샐리의 법칙'도 마찬가지다.

어떤 상황이나 조건에서 우연한 일이 연관되어, 나쁜 일이 반복하면 의식하게 된다. 자신의 일이 잘되기 바라면서 법칙을 만들어 적용시키는 '징크스'도 비슷한 맥락이다. 시험 보기 전까지 목욕을 하지 않고 손톱을 깎지 않는다거나, 운동선수가 시합기간에는 애인을 만나지 않는다거나. '머피'보다 '샐리'를 원하기에 '머피'를 예방하려는 '징크스'도 살면서 더 좋은 일이 있기를 소망하는 데서 비롯된다.

교우들의 모임에서 친해진, 최여사가 생각난다. 그녀는 결혼한지 10년이 넘도록 아이가 없었다. 백방으로 손을 쓰고 몇 번이나 체외수정을 시도했지만 연거푸 실패해서 낙심이 컸었다. 기도의 길밖에 없다며, 목사님 내외분과 교인들이 한 데 모은 기도의 정성이 하늘을 감동시켰을까. 임신이 되어 건강한 아들을 연년생으로 둘을 낳았다. 최여사 부부의 기쁨은 말할 나위도 없거니와, 주위 사람들의 축복으로 잔치가 따로 없었다.

문제가 그 다음에 있는 줄은 아무도 몰랐다. 기적의 힘을 한꺼번에 몸소 체험했다고 생각한 최여사는 기적주의 늪에 빠지게되었다. 나중엔 사이비종교에 빠져, 부부모두 다니던 직장을 그만두고 전 재산을 헌금했다고 들었다. 그 누구보다도 참 신앙의 귀감이 되었던 부부였는데, 장차 어떻게 하려고 그랬는지 참으로 안타까웠다.

최여사가 기적의 참 뜻을 미리 알았다면 좋았을 것을. 불가사의한 일이 아닌, 임신과 출산으로 잘못된 기적주의에 빠지지는 않았을 텐데. 불가사의한 일의 발생인 기적이, 사실은 응축된 소망으로 일어나는 것이고, 미래엔 이미 기적이 아님을 알았다면…….

사람의 힘으로 이룰 수 없는 어려운 일에 부닥치면 기적의 소망을 바라는 마음이 간절해진다. 기적의 소망은 우리가 생각하는 것처럼, 인간사에서 인간능력 이상의 것을 이루기 위한 염원이다. 기적은 상식이나 보통 생각으로는 일어나기 어려운 일이 실제로 일어나 놀랍게 느껴지는 일이다. 크리스트교에서 신에 의하여 행해졌다고 믿어지는 불가사의한 현상, 부활, 불치병의 치유를 뜻한다.

그러나 신부님께서 다르게 해석하는 "인간이 지금은 이루기 어려운 어떤 일을 소망해서 모두의 마음과 힘을 모아 뜻을 이루었을 때, 그 자체가 기적의 소망을 이룬 거다"라는 말씀을 들었다. 기적에 대해 알고 있었던 상식과 전혀 다른 내용에 신선한 충격을 받았다.

세상을 이룬 모든 것이 신비 그 자체인데, 모든 것의 이룸이 기적이 아니고 무엇인가. 인간과 다른 사물과의 차이를 수치로 잴 수 없는데, 인간 자체부터 기적임을 부정하겠는가.

기적의 뜻 맨 앞에 미리 현재를 붙여야 할까보다. 과거에 있을 수 있다고 상상할 수 없던 일들이 얼마나 많이 일어나고 있는가. 누가 현재의 불가사의한 일이 먼 미래에는 상식적인 일이 될 수 없다고 장담할 수 있겠는가.

기적과 미신의 차이는 모호한 경우가 있는데, 그것은 이현령비현령이다. 인간은 무한한 잠재능력을 가진 객체라 볼 때, 많고 적음의 차이는 있으나 신(神)적인 요소는 누구에게나 잠재하고 있다. 많은 잠재력의 보유자가 신적인 행세를 하는 경우를 본다. 신적인 요소를 극대화하기 위한 노력을 지속시킬 때, 그는 누구보다 통찰력이나 예견의 힘이 더 커질 수 있다. 기적은 노력을 응집한 소산이고, 인간은 무한한 잠재력을 갖고있어 가능하다.

기적을 신적인 현상으로만 생각하고 매달린다면, 샤머니즘의 테두리 안에서 헤매는 결과다. 하물며 신앙심이 있는 종교인이 기적에 연연해서 기적주의에 빠져 비정상적인 생활을 하게되면 그처럼 어리석은 일이 또 있을까.

시집 보내다

딸을 시집보내느라, 그간 바쁘긴 했나보다.

얼마 전, 화단을 화려하게 장식한 꽃들에 비해 담에 걸쳐진 장미들의 앙상함에, '기다려, 여왕들이여, 머지않아 너희들의 축제가 열릴 테고, 나 또한 너희들을 환영해 줄게' 했는데, 어느 결에 다투어 만개했다.

새벽에 집 앞의 학교운동장을 거닐며 묵주 기도 중에서 '환희의 신비'를 바쳤다. 모든 이들이여 제가 빌어 드리듯, 우리 사위와 딸의 결혼을 축복해 주시고 그들에게 주님의 은총이 함께 하기를 주님께 빌어주소서.

평소 기복신앙에 대해 내키지 않았는데 그리했다. '이번 딱 한번이니까, 애교로 봐 주세요'하며, 하늘을 보며 빙긋 웃었다.

어제, 조촐하지만 알찬 행사로 많은 이들의 기꺼운 축복을 받으며 행복이 가득한 가운데 딸의 결혼식을 마쳤다. 신랑의 아름다운 청년의 이미지와 신부의 기품 있는 우아함이 어우러져 너무도 보기 좋다며, 빛나는 눈으로 축복해 주신 모든 분들께 감사한 마음이 가득하다.

"여러분 기대에 보답하는 부부의 결실의 과정을 지켜봐 주세요."

신부에게 향한 칭찬이라 엄마의 귀에 솔깃 꽂혔을까. 항상 화통 하면서도 정감까지 지닌 선배는 "나 눈물이 나려고 그래. 이 근래 이렇게 기품 있는 훌륭한 신부를 본 적이 없어. 너무 훌륭하게 잘 컸어." 그 말이 아직도 귀에 맴돈다.

왕정시대라면 왕후가 될 기품을 가졌다는 카메라 기사의 말을 전해듣고, 그 이상의 극찬이 있을까하며 환한 설렘을 갖게 했다.

여느 엄마의 속성도 그러하겠지. 일생에 한 번 있을 축제의 주인공으로 치하의 극치를 받을 자격이 있겠다. 최고의 날, 하루만이라도.

딸에게 띄운다.

시대적 상황이 많이 바뀌었다 하나, 엄마가 젊었을 적에 비슷한 또래의 다른 이들보다 여러 면으로 많이 처졌던 상황은 엄마의 운명의 지어짐이 거기까지였기에 불행하다고 생각한 적이 별로 없다.

제2의 인생을 찾아 떠나는 너를 새삼스럽게 실감하면서 엄마와 너의 인생의 회한을 돌아보았다. 시집 간 너와 함께 살았던 날들을 반추해 보니, 넌 엄마와 다른 너무도 순탄한 삶을 살았구나. 예까지 살아온 우리모녀의 삶이 극과 극이 확연했다는 생각이 들면서, 네가 평온한 삶을 살아온 것은 순전히 자기가 타고난 복이었음을.

네게 어울리는 좋은 사람을 만나 새 삶을 출발한 것이 아직은 실감나지 않지만, 더욱 평온한 삶을 살아가리라는 예감이 든다. 인생이 윤회라면 너는 이 어미의 배턴을 이어받아 인생의 여정을 뛰는 주자이다. 어미가 부족했던 부분까지 알차게 살아 줄 것을 소망한다.

진정 어린, 모든 이들이 축복한 결혼식을 잊지 말고 결혼생활에서도 그 모습을 잃지 않고 영원하길 바란다.

서로 마주보기에 싸운다. 마주 보지 말고 앞으로 전진하며 최상의 정점을 향하렴. 훌륭한 작품을 완성하기 위해 밤낮으로 정성을 다하는 예술가처럼 하루하루를 창작하듯, 서로 손을 꼭 잡고 알찬 생을 영위하며 살기 바란다.

결혼생활 30년을 지내고 보니 앞으로 살날이 산 날보다 훨씬 적어졌음을 실감한다. 엄마는 아빠에게 그랬다. "우리 둘이 다른 몸이라 생각하지 말고 한 몸이라 생각하며 삽시다. 많이 남은 세월이 아니니, 하찮은 일로 감정을 상해하며 시간을 미리 죽이지 말고"라고 말하니, 아빠는 빙그레 웃으며 아주 좋은 생각이라고 했다.

진즉 아빠, 엄마가 철이 든 생각을 했다면, 허송 세월을 만들지는 않았을 텐데. 너희 둘은 부모의 전철을 밟지 않길 바라며, 더욱 지혜로운 삶이 되기를 바란다.

무엇을 하든 때가 있다. 그 일에 맞는 그 때에 최선을 다해야 성공하는 삶이 된다. 주어진 일을 그대로 순응해서 할 것이 아니라, 시시때때로 내 전체 인생에 대입해서 가장 효율적인 일과 때인지 맞춰보며 나아가야 한다.

어떤 결혼생활이든 상대에 따라 알게 모르게 서로 영향을 미치니, 서로 과한 점은 보듬고 덜한 점은 받쳐주길 바란다. 부족한 것이 많은 불완전한 것이 인간이고, 누구나 자신이 완전하길 바라면서 앞으로 향해서 뛴단다. 결혼으로 둘에서 하나로 되었으니 서로 받들고 앞으로 나아가면, 알파를 낳는 인생이 점철되어 더욱 빛나는 삶이 되리라.

운명의 끈

자신에게 걸맞다고 한, 선택들이 모여 운명의 끈을 만든다.

누군가의 비운을 접하면, 그렇게 되어질 수밖에 없었던 과정이 있다. 운명이란 거대한 이름 앞에 선 우리들 인간은 아무리 특별한 능력이 있다해도 속수무책일 경우가 있다. 무엇이든 내 앞에선 불사가 없다는 사람도 손놓은 상태로 당할 수밖에 없다.

묘하게도 거대한 운명은 아주 작게 시작하고 눈치채지 못하게 점점 커지면서 모습을 드러낸다. 행운이든 비운이든 저절로 주어지는 것이 아니다. 의식하지 못했을 뿐, 자기자신이 이미 동기를 출발시키고 만들어 간 것이다.

일찍이 외출을 하고 나면, 특히 원거리일 경우에는 피곤해서 될수록 멀리 가지 않게 되었다. 나다니길 싫어하고 집에서 머물러 뭔가 하는 것을 좋아하는 생활습관으로, 활동적으로 보이는 것과는 다른 모습을 보는 측근은 이해하기 힘든 표정을 짓곤 한다.

운명론자는 아닌데도 사주에 객사한다는 말을 듣고 나서 고속도로 주행이나 멀리 가는 일은 될수록 줄인다.

엉덩이가 무겁다는 표현으로 얼버무리기도 하나, 게으른 체질과 사주까지 가세해 준 종합적인 결과이다. 내 운명에게 비위를 맞추는 정도의 수준이다. 어차피 가는(細) 인생길게라도 살려고.

어떤 선택을 하느냐에 따라서 그 사람의 운명의 방향이 주어진다.

인생의 나그네가 길을 가다 갈림길을 만난다. 부채 살처럼 쫙 펴진 여러 갈래의 길이다. 이정표는 이미 들어선 다음에 나오는 길로 표시되어있어, 보통의 길과 다르다. 매우 시험적인 길이다.

인생은 끊임없이 선택을 요구한다. 어느 것을 선택함은 살아오면서 가치관의 성립이 작용하지만, 성장하면서 취한 선택의 과정과 결과로 가치관이 형성되는 것이다. 세상은 우리를 잠시도 가만두지 않고 선택하기를 요구한다.

하는 것들—놀든, 일하든, 취하든지 간에 잘 취사 선택해야한다. 하는 것들에 맞는 경(輕)과 중(重)의 심사숙고기술을 접속하는 운명은 다분히 각자의 성격으로 만들어지니까.

'불이과 불천로(不貳過 不遷怒)'에 의미를 둔다해도 자신의 성격을 넘어서는, 살아가면서 터득되어진 확고한 가치관의 성립이 없이는, 실수의 반복을 하는 허약한 존재가 인간이다. 현재 형성되어진 자신에게 맞춰 최대공약수를 산정 해서 선택하는 길뿐이 없으나 선택 후의 최선의 노력도 자신의 선택이다. 곧 산다는 것은 끊임없는 선택의 길인 것이다. '순간의 선택이 평생을 좌우한다'함은, 인생을 되짚어 보면 과히 틀리지 않음을 알 수 있다.

결혼을 보면,

살아가면서 터득되어진 총체적인 인지로 선택한 사람과의 만남으로 각자 다른 인생의 갈림길로 들어선다. 웃고 울고 하는 우리네 인생사가 모두 만남에서 시작한다.

삶에서 제2의 인생이라고도 하는 제일 중요한 결혼에서 '여자 팔자, 뒤웅박 팔자'라는 말을 빌리지 않아도, 누구를 만났는가에 따라서 인생이 달라진다. 인생의 유전에서 자신에게 행복과 불행을 만들어 주는 것이 다 인간과 인간사 아닌가.

직업을 보면,

인간은 자신이 놓여있는 상태가 싫을수록 불행을 느끼

니, 자신이 좋아하는 것을 하는 것이 행복의 기본조건이라 본다.

대학교에서 전공한 분야에 종사하는 사람은 20%라 하니, 자신의 전공선택이 빗나간 것을 감안하더라도 너무 낮다. 직업을 갖게 될 때 여러 변수가 작용하기도 하지만 내가 좋아하는 것을 전공하고 그 분야에서 열정을 쏟을 때 훨씬 행복한 삶이 되리라.

비전을 향한 강한 열망으로 도전과 끈기를 갖고 밀고 나가면 자신의 분야에서 성공하는 삶이 되리라. 자신을 누군가가 되게 하는 것과 어느 진로를 향한 향방 결정의 영향력 행사는 순전히 자기 스스로였다.

사는 곳을 보면,

사람은 살면서 평균 5년에 한번 이사한다고 한다. 이사가는 집을 선택하는 것을 보면 내가 경제를 어떻게 운영하느냐에 따라 거취와 규모가 정해져 이사하게 된다.

현대는 경제로 이루어지지 않는 것이 없으므로 누구도 생활과 경제는 불가분의 관계임을 부정할 수 없다. 맥도널드 회사가 부자가 될 수 있던 것은 치킨의 유명세로 매출한 것보다 미국 요지에 자리잡은 점포부지의 가치상승에 있다한다.

집의 조건도 중요하지만 언제 어디에 집을 정하느냐에

따라 부가가치를 올려주기도 한다. 그 집의 영향권에 든 것도 순전히 자신의 삶의 경로에서 정해진 것이다.

이웃간의 만남도 우리 가족의 삶에 선이든 악이든 둘 중에 한가지가 정해져 다소 영향을 미친다.

지금 생각해도 등골이 오싹해지는 일이 있었다. 이사간지 얼마 안된 일이다. 아들이 세 살 때, 남의 것도 가릴 것 없이 먹기를 좋아하는 시절로, 하마터면 쥐약을 마실 뻔한 일이다. 이웃 지하에 세든 집은, 어린 자녀들이 있어 아들도 잘 드나드는 집이었다. 어느 날, 그 집 엄마가 막 들어서는데, 아들이 까치발로 문간으로 난 부엌선반에 있는 농약이 든 요쿠르트 병을 꺼내려고 하는 것을 보고 기겁을 했다는 이야기다. 자칫 잘 못됐다면, 어미로서 왜 그 곳으로 이사 갔을까하는 생각으로 평생 가슴을 쳤을 것이다.

만남을 보면,

어떤 곳에서 누구를 만나는가에 따라 인생이 좌우되는 경우를 주위에서 흔히 접한다. 어떤 곳에서 누군가와 만나 인연을 맺어서 운명이 지어지는, 판도라의 상자를 여는 순간 행복과 불행의 운명으로 나뉘어진다.

가슴에 진한 슬픔을 남기고 떠난 모나리자를 닮은 신비의 그 여인도 영양학을 전공하지 않았어도, 여럿에게 노출된 직장에서 영양사로 근무하지 않았어도, 그렇게 일찍 운명을 달리하지 않았을 텐데. 결과론적인 이야기로 억지 춘향의 논의이나 그녀는 어쩐지 그 자리에 맞지 않았다. 최선의 선택의 제고가 부족했다는 거다.

나쁜 친구를 만나지 못하게 하면서, 석탄을 집었다 바로 버리게 했으나 이미 손엔 시커멓게 묻어 있었다. 나쁜 친구의 사귐도 마찬가지임을 시사했던 내용이다.

기적주의 늪에서 사이비 종교로 빠졌던 최 여사도 생각난다.

이런저런 사람간의 만남이 알게 모르게 이런저런 영향을 주어, 자신의 인생에 이익이나 해악을 끼친다.

경제를 보면,

'갑부는 하늘이 만들고 부자는 자신이 만든다'는 말이 있다. 하늘이 만든 갑부는 극히 소수이고, 대부분의 사람은 자신을 부자로 만들 수 있다는 내용이다.

누구나 풍족하기를 원하고 그리되고자 열심히 일한다. 가난으로 목숨을 끊는 것을 보면 경제가 보다 중요하다는 생각을 하게된다. 목숨과 바꾸는 일이 비일비재하니. 천륜을 저버리는 일도 돈과 결부되어 있는 것을 보면, 경제는 삶 자체라 봐도 과히 틀리지 않는다.

우리 주변엔 벼락부자가 된 경우를 들으면 상대적 박탈감이 든다. '사촌이 땅을 사면 배가 아프다'는 말처럼 누구나 자신에게 영화가 있기를 바라는 근본심리가 내재되어 있다.

부자가 될 수 있는 것은 생각의 주파수를 어디에다 맞추느냐에 따라 달라진다. 처음엔 갈라지는 길이 조금 벌어졌으나 갈수록 격차가 커지면서 부와 빈인 극의 위치에 서게 된다.

부자가 되기를 원한다면 「가난하게 되는 이유」를 알면 된다.

누가 무엇을 선택하든 순전히 자신의 몫이다.

배우자의 선택, 직업의 선택, 경제적인 능력, 끊임없는 만남의 장으로 이룬 모두는 불가분의 관계이며, 자신의 선택으로 이루어지고 자신에게 직접적인 영향을 준다.

본인이 순간에서 깊게 숙고하는 것까지 판단으로 가름하는 것은, 모두 자신의 가치관에 의해 결정되는 것이다. 이에 최선의 가치관 형성이 중요함은 말할 여지가 없다. 선택도 선택 후도, 그것에 대한 노력을 보다 더 넓고 깊게 형성할 일이다.

선택의 주인은 언제나 나이고, 그 선택은 어느 누구보다 사랑하는 나 자신을 좋게 또는 나쁘게 만든다. 내가 엮은 운명의 끈은 곧 내 인생이 되는 것이다.

선과 악

마음이 너그럽고 누구에게나 친절한 직장선배가 있다.

그녀는 여럿이의 생활에서 언제나 궂은 일까지 도맡아 한다. 다른 이들은 그녀가 하려니 밀어놓고, 가녀린 그녀가 혼자 애쓰는 모습을 자연스러운 그림으로 별 생각 없이 본다.

더운 여름날, 그 선배와 백화점을 갈 일이 있었다. 번화한 백화점 앞에서 혈기가 왕성한 십대들의 패싸움이 벌어졌다. 백화점 입구 옆 휴식공간에서 늘어놓은 간이식탁이나 의자를 무기 삼아 벌이는 살벌한 싸움이다. 위기감이 감도는 험악한 분위기에 눌려, 모두 손을 놓고 구경하고 있었다.

선배는 선후 따질 것 없이 싸움판 중앙으로 들어가, 휘두르는 의자를 붙들고 끌려가면서까지 말렸다. 절대로 물러설 것 같지 않는 선배의 기세에 눌렸는지, 묘하게 싸움이 잦아들면서 끝났다.

선배의 훌륭한 모습을 보면서 선과 악에 대한 새로운 사실을 알게됐다.

악은 단편적으로 발생하는 돌발감정일 수 있으나, 선은 이성에서 출발하기에 상반된 심리이다. 선의 한계는 모호한 데다 선의의 도덕적인 심리가 동반하기 때문에 악에 비해 약하다. 일반적인 여러 현상을 보면서, 악은 선보다 더 극명하게 나타나고 더욱 강하게 실현된다고 알았었다.

그러나 선배의 확고부동한 행동을 보고, 선이 더 강하면 악이 약화된다는 것을 확인했다. 선의 본질 자체가 악보다 강할 수 없기 때문에, 선이 악을 배척하려면 더욱 강한 의지가 동반한 악전고투가 수반돼야한다는 중요한 사실을 알게 된 것이다.

성선설의 본 뜻은, 인간본성은 선 자체가 아니고 마음에 선의 싹틈과 일의 시초가 있으며 '절대 선'을 위해 수양을 쌓아야 한다고 했다. 성악설의 순자는 '인간의 성격은 악하고, 그 선함은 거짓이라'고 기술하고 있다. 인간의 본성을 악이라고 단정하는 것은, 인간에게는 이기적인 욕망이 있다는 것에 근거를 두고 있다.

인간의 본성은 선하다, 아니면 악하다. 둘 중에서 하나를 정하는 것은 편견이다. 인간은 가시적인 특성을 갖고 있어, 선이나 악을 넘나 들 수 있기 때문이다. 자기 스스로를 붙잡고 다스려 선행이 되도록 함이 중요하다.

성선설은 국가권력의 강제성이 없어도, 도덕만으로 천하를 다스릴 수 있다고 하는 유가의 정치이념의 근거가 되었다.

현재, 성선설로 입각한 정치이념은 맞을까. 대학 때 강의유인물에 화이트칼라는 블루칼라에게 선의의 거짓말을 해도 된다고 써있었는데, 아직도 그 내용이 지워지지 않고 남아있을까? 지치지 않고 끊임없이 허구의 공약을 남발하는 걸 보면, 아직도 남아서 설득력까지 발휘하는 것 같아 미심쩍다.

나라살림을 맡은 정치가의 책임은 실로 막중하다. 그럼에도 그 중 어떤 이는, 자기가족은 민중 안에서 땀흘리며 살지 않고 별나라에 두고 온, 별사람 같이 행동한다.

역대에 나라를 지킨다는 명목아래 근친살생도 마다 않던 역사를 알곤 '이쯤은 애교야'하며, 눈썹하나 까딱 안하고 우민정책으로 인륜을 저버리는 것일까. 그런 행동은 마침내 자신의 우매함을 드러내게 되고, 부메랑이 되어 스스로 판 무덤에 함몰된다.

예전엔 정치적 · 사회적으로 덩치가 큰, 악성의 권력자들에 대한 일개인의 분노표출은 '바위에 계란 치기'에 지나지 않았다. 이제는 우둔한 사람일지라도 그 이론을 악용하는 무리를 금방 알아본다. 상대방의 눈만 봐도 안다.

정치가나 연예계에 발을 들여놓으면, 대다수가 도덕불감증에 걸린다. 자신을 상대방의 디딤돌로 만들며, 스타를 향해 목을 뺀다. 그러나 어떤 경우이든, 누구든, 역사를 통틀어 봐도 영원한 천하태평을 본 적이 없다.

몽환증 스타들은 지금이 어떤 시대인지를 모른다. 아직도 일 개인의 분노가 '바위에 계란 치기'로 알고 우민정책을 쓰고 있다. 계란이 순간적으로 모여 뭉쳐서 거대한 바위를 이루는, 초치기 매스미디어의 위력을 전혀 모르고 있다. 조작할 수 있는 언론을 뛰어넘는 인터넷이나, 2002년 대한민국의 월드컵개최 시, 하나가 된 온 국민이 합일된 열정과 700만 응원의 물결을 이룬 「붉은 악마」의 위력을 자주 잊는다.

간혹 돈 몇 푼이나 자리싸움으로 자신이 일구어 온 명예를 한 순간에 물거품으로 만들고 구속되는 장면을 보면 안타깝다. 어느 누구든 치부를 하거나 심한 스타의식에 빠지지 않도록 조심해야 한다. 과한 욕심을 버리고 허욕과 허상을 좇지 않아야 한다.

본서 뒤에 게재된 수필 「나중에」에 '……자기를 좀 먹게 하는 것을 눈치 채지 못하게 하는 위인이 '나쁜 욕심'입니다. 주인 모르게 슬며시 불행의 씨를 뿌려놓고, 죽음의 덫 장치까지 슬쩍 만들어 놓고 놀립니다. “너희들, 용빼는 재주 있어봐. 한치 앞을 안다면 나를 이길걸”……’이라고 표했다.

누구나 좋은 것은 취하고 싶은 욕구가 있으나 잘 가려서 해야한다. 순간적으로 자신이 공들여 쌓아 온, 탑이 와르르 무너질 수 있기 때문이다.

내 인생의 금자탑이 될, 공들여 쌓는 선은 멀다. 반면에 악은 가까이 있어 덫에 걸리기 쉽게 하고 헤쳐 나오기 어렵게 만든다. 내게 해를 입히기 쉬운 악을 멀리 쫓기 위해, 선을 든든하게 방패삼아 옆에 친근히 두어야겠다.

신세대

X세대라고 칭하는, 신세대가 부각되면서 사회적인 민감한 단어로 대두된 때가, 10년이 채 안된 시절로 기억된다.

여름날 오후, 담임 반인 6학년 아이들이 더위로 축 쳐져 있을 때다. 명예로운(?) '쉰 신세대' 별명을 지닌 난, 애 제자들을 위한 끼가 발동했다. 애들은 손뼉을 치며 히트한 가요 '핑계'를 부르고, 난 그 노래를 부른 김건모 특유의 춤을 어줍잖게 흉내내, 한바탕 웃음으로 학급분위기가 활기차게 바뀌었다.

아이들에겐 획기적인 교사였고, 여타교사에겐 나이 많은 색다른 신세대로 보였을 것이다. 삼사십대 교사들이 좋아하는 유행가는 트로트이지만, 난 템포가 빠른 신세대의 춤과 노래를 좋아했다. 그들이 모르는 유행하는 신세대 가수나 노래를 거의 꿰찼다. 나이와 상관없이 시대에 좀 앞서는 교사의 모습이었으나, 덕분에 제자들과는 수평적대화로 공감대가 이뤄졌다.

학급에서 획기적인 모습을 보인 것은, 흥이 있는 내 성격에서 비롯된 것만은 아니다. 교사로서 아이들 편에 서기 위해, 신세대에 대한 관심으로 알게된 것을 실행한 것이다. 사회적으로 새로이 조명을 받게되어, 신세대에 관한 책자가 많았고 신문에 연재까지 해서 쉽게 접할 수 있었다. 처음엔 잘 이해할 수 없었으나 계속 관심을 갖고 보니, 신세대에 대한 이론과 실제 모두를 어느 정도 파악하게 됐다.

당시 '무서운 아이들'이라고 일컬어지는 10대 중·후반에 접어들, 졸업을 앞둔 6학년 도덕시간에 문제를 제기했다.

"불량해 보이는 신세대집단이 보도를 점거하고 있고, 지팡이를 든 점잖은 노신사가 그들 앞을 지나가고 있다. 그들 중 누군가가 노신사에게 시비를 걸 작정으로, 담배를 꼬나 물고 특유의 건들거리는 걸음으로 다가가 불을 빌리려고 한다. 여러분이 그 노신사라면 어떻게 할 것인가." 악조건의 문제제시였다. 조별학습으로 분분한 토론을 거친 다음, 모아진 결과를 각 조별로 발표했고 한동안 조별간의 공방이 오고갔다.

"노신사는 기본예절을 갖추지 못한 그들을 피하는 것이

옳다. 상대할 가치가 없기 때문이다"와 "요구대로 응해주면서 져주는 거다. 자칫 훈계를 하다가 무가치한 봉변을 당할 우려가 있기 때문이다"로 결론지었다.

행패부리는 젊은이들의 집단은 그리 많지 않다. 불량한 집단사고는 불만이 쌓일 때 표출된다. 모여있는 아이들을 향한 무조건적인 반목은 지양돼야한다. 기성세대의 반목이 쌓여, 불신에 찬 그들을 만들어간다. 그들을 자세히 들여다보면 선의를 포함한 집단일 경우가 많은데, 불신으로 보거나 하대 취급할 때가 더 많아서 악순환의 고리를 이어간다.

기성세대가 얌전한 신세대만 좋게 본다면 편견이다. 눈에 띄게 거슬리는 신세대는 일부이나, 그 특성이 강하게 부각되어 전체처럼 보이는 것이다. 일부집단의 경거망동이 전체집단이 한 것처럼 보이는, 사회적 착시현상을 낳기도 한다.

며칠전 집을 나서면서 하교하는 근처 고교남녀학생들과 마주쳤다. 우리아파트 단지 내를 통로로 이용하기에 그들을 자주 접하고 불미스런 이야기도 들었다. 교복을 입은 남녀학생이 손을 잡고 걷는 모습은 예사로운 일이 됐다. 남학생을 보면 제대로 얼굴조차 들지 못했던 시절의 사람들은 이해하기 힘들다. 게다가 아파트 뒤편 후미진 곳에서 교복을 입은 채, 껴안고 사랑 놀음을 하는 것을 보거나 들은 기성세대는 아연실색할 수밖에 없다.

오늘은 그들을 유심히 보면서 생각을 바꿨다. 그들의 교복은 함께 공유하는 상징적인 표시이므로, 이의를 제기할 필요가 없어졌다. 머리는 자율적으로 파마까지 했으나, 한창 유행하고 있는 염색은 규제가 엄격한지 눈에 띄지 않았다.

이미 성인의 몸으로 탈바꿈 되어있는 그들을, 아이들로 지정해서 묶어 놓으려는 것은 잘못이다. 삼삼오오 무리들 중에 손을 잡고 걷는 학생은 단 한 쌍이었다. 둘 다 교복과 머리에 멋을 부리고 누구도 개의치 않는 당당한 모습을 보면서, 신세대 중에서 과감한 행동을 하는 사람은 극히 일부라는 사실을 알았다. 많은 무리 중에서 둘만이 특권을 누린다는 생각이 들면서, 문득 삼십을 바라보는 아들이 생각났다.

신세대시대를 온전히 거친 아들이지만, 데이트 한번 변변히 한 적이 없다. 이성에게 별 관심이 없다 하나, 시대에 뒤떨어지는 행동으로 보이고 특권을 놓치는 아쉬움을 남긴다. 남녀학생이 잡은 손에 순수한 감성을 담아, 장래를 향해 가는 길에 도움이 되기 바라는 심정이다.

기성세대와 신세대는 물과 기름처럼 팽팽한 줄다리기가 숨겨져 있다. 양 세대의 대부분은 자신의 입장이 옳고, 극단적인 이질감으로 동질요소가 없다고 생각한다. 기성세대는 신세대의 내막에는 복잡 미묘한 문제를 지니고 있기에 미지의 나라 사람으로 여기기 쉽다. 기성세대가 신세대를 접근하기엔 고정관념이 강해, 그들을 온전히 이해할 수 없고 알 수도 없다. 신세대는 기성세대에게 소속되는 경우가 많기에, 자신들에게 향한 기성세대의 반목에 대해 반항적인 심리를 갖게 된다. 이는 양쪽 어느 것의 장단점을 들추는 것이 아니고, 단지 다르다는 것이다.

신세대는 기성세대의 부분집합이고 나중에는 합집합이 된다. 부분집합일 때를 그대로 인정하고 받아들이면 되는, 오묘한 진리가 담겨 있다. 신세대가 놓여진 상황을 친구처럼 이해하고 인정하면 된다. 잠시동안의 부분은 합으로 합쳐지기 때문에, 시간을 갖고 참는 참사랑만이 최선인 것이다.

2002년 6월 한달 간, 우리나라에서 주최한 월드컵대회에서 확실한 해답을 얻었다. 응원단 '붉은 악마'들의 시작은 주최측 소수에서 발단됐으나 16강, 8강, 4강까지 거치는 동안, 10대들이 합세되면서 열기가 고조돼 온 국민에게 파급된 것이다.

생각을 공유할 때 건전한 '붉은 악마'는 옳고 '오빠부대'는 그르다면 단순논리에 불과하다. 둘 다 같은 신세대 사고에서 출발하기 때문이다. 선수는 운동으로, 가수는 노래로, 배우는 연기로, 그들 모두는 스타로서 같은 선상에 놓여져 자리 매김 한다. 연예인 공연장에서 '오빠부대'만이 공유하고 있는 세력을 떨치고 싶어하는 것은 칭찬할 일은 아니나, 그 사실을 인정하고 이해해야 매듭을 풀 수 있는 능력을 갖추는 것이, 기성세대의 몫이다.

신세대의 공유심리는 매우 강하다. 어떤 경우든 비슷한끼리 함께 하려고 집단을 이룬다. 왜일까. 기성세대와의 이질감을 신세대끼리 인정하며 뭉치는 것이다. 기성세대는 자신의 기준이 아닌 신세대 선에서 이해하고 인정하며 진실한 칭찬을 선사할 때 세상을 공유하며 나갈 수 있다.

복잡한 성향으로 보이는 신세대가 바라는 희망은 간단하다. 단지, 신세대적 사고를 배타하는 시선으로 보지 말고, 자신 그대로를 인정하고 격려 받기를 원하는 것이다. 칭찬받기에는 힘든 노력이 따르기에, 어려운 장치가 별로 없는 그들만의 차선과정을 실행하며, 서로의 존재를 인정하는 선에서 그친다. 그런 생각을 갖고 뭉쳐서 행동하는 모습이, 기성세대에게는 불신으로 보여지는 것이다.

신세대를 상대하는 기준은, 카운슬러가 지켜야하는 기본원칙과 같다. 함께 상담 할 때, 상대를 훈시하고 가르치는 것은 금물이다. 상담자의 이야기를 들어주고, 그의 입장이 되어 대화로 풀어나갈 때 진정한 효과를 볼 수 있는 것처럼.

양 세대를 분리해서 평행선에 올려놓고 곱지 않은 시선으로 마주보는 상대적인 괴리감을 없애야한다. '붉은 악마' 처럼 서로 공감대를 갖고 하나가 될 때만이 곱게 보아진다.

기성세대는 신세대를 바르게 이해하고 감싸 안아야한다. 신세대가 잘 되기를 바라는 마음이 간절한 이들이 기성세대이고, 신세대는 그들의 자녀이기에 더욱 소중하다.

4. 행복의 선사

누구든 불시에 찾아가는
반갑지 않은 손님은 외로움이지요.
언제든 외로울 수밖에 없는 우리들 모두 함께
어우러져야 외로움을 덜어낸 자리에 행복이 들지요.

말(言)

이 해인 수녀님의 시 「말을 위한 기도」를 읽고, 더욱 말의 중요성을 깨닫고 말조심을 하게됐다.

'이웃에게 무심코 한 말이 나쁜 영향을 주지 않았을까'는, 나도 마음과 달리 감정이 앞서며 한 말로 실수 할 때는, 오랜 시간 가시지 않아 편치 않게 된다. 상대의 마음이 상했을 거라는 생각이, 가슴에 아린 상처로 남아지기에 공감이 컸다. 깨진 그릇에 물을 주워 담은 수 없듯이 한 번 한 말은 다시 거둬들일 수 없으니, 말의 실수를 하는 어리석음은 반복하지 않아야 한다.

'침묵의 지혜로 품위 있는 말을 했으면 하는 소망'은, 바쁜 세상살이 때문이라며 말을 쉽게 흘리듯 하며, 말을 어떻게 하는가에 별로 신경 쓸 새 가 없었다. 성의 없이 말을 하면서도 말을 잘하고 싶은 마음이 커서, 품위 있게 말을 잘하는 사람을 보면 부러워한다. 머리와 가슴이 따로 노는 것을 한 데로 모아 자신이 하는 말이 맘에 들도록 해야하겠다.

'잘 못한 말들의 용서를 기도 함'은, 나도 모르게 상대에게 상처를 준 것에 대한 용서를 바라는 내용이다. 사람은 그 것의 중요성과 혜택에 무감각해지는, 공기나 물을 별로 의식하지 않고 산다. 생활을 하면서 의사소통을 해 주는 말도, 그 귀함을 생각하는 적이 많지 않다.

시의 귀결인 '희망의 언어로의 즐거운 삶을 위한 염원의 기도'는, 나이를 더하면서 남에게 잘해주는 것에 대한 생각이 달라졌기에, 더욱 마음에 와 닿았다. 물질적인 도움이 필요한 사람에게는 물질의 혜택이 좋겠지만, 자주 접하게 되는 비슷한 이웃에게는 기쁨을 주는 마음의 선물이 더 중요하다는 생각이 들었다. 인간은 세상에 나오는 순간부터 망망대해에 띄운 배를 젓고 가는 외로운 항해를 한다. 삶 자체가 번뇌와 함께 이루어 진다하니, 될수록 기분 좋은 말로 기쁨을 함께 나누어야겠다.

언제나 친절하며 상냥한 말로 기분을 좋게 해주는 미장원 원장이 있다. 그녀는 서민들의 형편에 맞게, 이웃이나 할머니들에게 염가로 파마를 해주고 자란 머리는 무료로 잘라준다. 자신의 일에 긍지를 갖고 즐겁게 최선을 다하는 모습은, 보는 이들 모두를 즐겁게 한다. 조촐한 미용실 규모로 도우미 없이 혼자 일한다. 항상 프로의식을 갖고 최고의 기술과 약품으로, 각자에게 맞는 머리모양을 구사한다. 그녀 덕분에 염색까지 하느라 상했던 내 머리 결이 훨씬 좋아졌다. 만족하며 이용하는 고객 대부분은 단골이다. 멀리서도 마다하지 않고 오는 이들도 적지 않다. 그런 손님일수록 원장 혼자 정신없이 바쁘니, 수시로 바닥을 쓸거나 파마 후에 나온 도구를 씻어주고 수건을 개면서 돕는 모습이 모두들 한 가족 같다.

모처럼 기분전환도 할 겸, 웃자란 머리를 자르고 있는데, 낯익은 할머니들이 함께 머리를 자르러 오셨다.

원장은 내 머리를 다 자르고 사양하는데도 드라이까지 봉사로 해 준 다음 "참 예쁘게 됐죠. 언제나 이렇게 예쁜 채로 있으면 좋을 텐데"라고 말했다. 체격이 크고 좀 남자처럼 생긴 할머니께서 잘못 듣고 "예쁘긴, 얼굴 예쁜 사람을 본 적이 없나보네"라고 했다. 모두들 무안해서 겸연쩍어하기에, 얼른 얼굴이 아니고 머리를 말하는 거라고 바로잡아드렸다.

그 할머니의 머리를 자르는 중에, 다 하고 밖으로 말아달라는 일본말을 잘 못 들은 원장에게, 화가 난 듯한 큰 소리로 밖으로 말아 올려달라는 말이지 한다. 커트도 미안해야 할 처지임에도 요청이 당당하다. 이에 그 할머니의 친구가 "왜 화났어. 화가 난 사람처럼 말하게"하니, "원래 그렇게 생겨 먹은걸 어떡해"라고 한다.

친구 할머니는 연로함에 비해 아직도 여성스러움을 잃지 않은 단아한 모습이다. 참으로 고우시다 생각하며 어떤 삶을 사실까 궁금해서 여쭈니, 여생을 즐겁게 살려고 노력한다고 하신다. 이런 저런 대화내용 중, 귀엣말로 내게 남긴 말은 "말을 할 때 조심하며 남에게 기분 나쁜 말은 삼가하지"였다.

나는 몇 가지 열등감 중, 말에 대한 열등감도 있다. 말의 억양이 딱딱해서 인상이 부드럽지 않아, 스스로 말을 의식하면서 하는 불편함을 느낀다.

열등감의 원인은 초등학교교사 생활 첫 해의 일이다. 3학년 담임을 한지 얼마 지나지 않을 때이다. 무언가를 말하고 있는데, 아이들이 이구동성으로 "선생님, 귀여워요" 하는 거다. 순간 난 당황했다. 동료에게 이런 경우는 어떤 거며, 어떻게 대처해야 하는지 자문을 구했다. "교사는 좀 권위가 있어야 하니, 좀 곤란하다"며 필요 이상 웃어도 교사를 쉽게 보아, 학급운영에 어려움이 생긴다고 덧붙였다.

나름대로의 처방전으로, 20여 년을 하루같이 잘 웃지도 않고 말을 딱딱하게 했다. 앞니가 약간씩 벌어진 것도 발음상 문제되고, 너무 쉽게 보이는 듯해서 여섯 개나 도치로 바꿨다. 가르치는 일이 전문인이라는 입장으로 실행한 것이다.

퇴직을 한 지금은, 또 다른 과제를 안는다. 환경에 맞춰 산 습관으로 다른 비슷한 이들과 살 때는 맞지 않는 것이다. 딱딱한 말투가 일상생활에 전혀 도움이 되지 않아, 고치려고 하지만 쉽지가 않다. 자신의 말투를 고치려고 의식을 하며 말하니, 듣는 사람도 부담이 되는 듯 하다.

나이에 맞는 풍성한 생활인의 모습을 닮기를 원한다. 좋은 말을 부드럽게 하는 사람이 되어, 누구하고나 즐거움을 나누며 여생을 보내고싶다.

가을 단상

모든 시간들이 다 가을에 와 있는 걸까.

내가 지은 이 한 글월은 매우 소중하다. 이는 지금까지 살면서 느껴왔던 사유이기 때문이다. 어느 시인이 진통의 나날로 한 줄의 시를 의미심장하게 세상에 내놓았다면, 이 한 줄도 내게 있어 그같은 의미를 지닌다.

내게 있어서 가을은 언제나 특별하다. '나는 가을을 탄다'는 흔한 말로 가을을 대신할 수 없다. 사춘기에서 사추기를 넘길 때까지의 긴 세월을 한 해도 거르지 않고 가을이 의미를 담고 다가왔다.

가을은 어느 결에 여러 면모를 띄며 내 가슴으로 들어와 오롯이 자리 잡는다. 해마다 다른 빛으로 찾아와 내 마음에 여러 감성을 낳는다. 가을을 특별히 좋아하는 것도, 특별히 맞이하려는 것도 아닌데, 친근히 다가오니 그 가을에 맞춰 함께 할 수밖에 없다.

사춘기 소녀들이 읊조렸던 "시몬, 너는 좋으냐, 낙엽 밟는 소리가"의 시구가 공헌한 바는 크다. 가을에 특별한 의미를 담아주었기 때문이다. 감수성이 예민한 시절인 내 사춘기 때의 가을은 '시몬'에서 그쳤고, 그것뿐이었다.

젊은 시절의 어느 가을은 살포시 안기는 아기처럼, 상큼한 향을 머금은 가벼운 새털처럼 가슴을 간질이며 다가오기도 했다.

어느 가을은 주위를 두리번거리며 어슬렁거리는 겁먹은 덩치 큰 검은 곰처럼 슬그머니 들어섰다. 이유 없이 가슴이 답답하고 눈이 침침해지며, 충만한 의욕이 흔적도 없이 실종한다. 갈색겨울에 회색의 마음을 담아 흐느적거린다.

항상 그랬다. 어쩌다 흐느적거리는 자신과 맞닥뜨리면 너무 싫었다. 고급고질병에 걸린 것 같이 참아내기 어려웠다. 차라리 난관에 부딪치는 것이 낫겠다는 생각이 든다. 모진 마음을 가다듬어 한판 승부수를 위해 열과 성을 다할 수 있기 때문이다.

어느 가을은 여름이 다 가기 전에, 낙엽도 떨어지기 전에 서둘러 차창 밖 포도 위 종이조각이 가을바람에 놀라 휘몰아치듯 할 때, 순식간에 가슴 안으로 디밀 듯 들이닥친다. 그 해 가을은, 가슴이 휑하니 뚫린 채 사노라면 몹시 힘들어 취한 사람처럼 어지럽다.

가난한 여고시절의 추운 겨울은, 옷을 제대로 갖춰 입지 못했다. 손이 얼어 글씨를 제대로 쓰지 못해 힘들어하던 그 긴 겨울이 가고 교정으로 불어오는 봄날의 훈풍이 교복 치마 아래 종아리를 휘감아 돌 때는 너무나 반가웠다.

가을바람은 봄바람과 많이 다르다. 몸을 따뜻하게 하는 반가운 봄바람과 다르게, 가슴으로 불어드는 가을 바람은 친근히 마주해 품어도 외로움이 따라드는 바람이다.

사회초년생이 된 첫 가을은 특별했다. 사회생활로 바빠서 정신이 없었으나 의식주 걱정이 조금은 덜어져서일까. 퇴근길 의자에 깊숙이 기대고 달리는 버스의 창 밖을 무심히 내다보며 생각지도 않은 가을을 맞이했다. 어스름 땅거미가 든 포도 위에 낙엽도 아닌 종이들이 가을바람에 스산하게 우루루 몰아치듯 한, 그날의 가을은 가슴을 크게 일렁이며 다가왔다. 그 해의 가을손님은 내게 불청객이 되었기에 의미가 깊다. 몇 번의 가을을 지내놓고 가을을 타는 마음의 전과 후에 금을 그어 준 것을 알았다.

어른이 되면서 더 정신없이 보냈는데, 가을이 되면 또 다른 별세계처럼 가을 속으로 들어가 있는 나를, 또 가을이 내게 들어온 것을 느끼게 되면서 점점 더 깊은 가을을 맞이하게 되었다.

중년으로 드는 나이에 달라진 가을은 여름이 지나는 길

목부터 두려운 마음이 스며들게 했다. 예전, 겨울채비가 어려운 시절에 고생하시던 어머니와 비슷한 나이가 되면서, 바람이 차게 바뀌면서, 동장군이 다가옴을 우려하는 마음도 함께 있었나보다. 전보다 기운이 덜한 자신을 추스르기 힘들게 하는 가을을 겁내게 된 것은 아닐까.

그러나 올해는 쫓겨난 듯 퇴직한 마음의 허망함을 가을이 위로해 주었다.

아이들을 그리워하며 의미 있는 피날레를 위해 임시교사로 학교에 갔다. 내게 맞았던 자리는 간데 없고, 행랑채 신세가 된 것 같은 자리에서 마지막 열정을 태웠다. 예전처럼 열정적인 담임 모습 그대로였는데, 다시는 의미를 담지 않아야 할 자리임을 절실히 실감했다.

두 달간 지내면서 모아진 짐을 양쪽 손에 들고 무거운 발걸음으로 후문을 몰래 빠져 나오면서 회한의 종말을 다짐했다. '스승과 제자 사이를 만듦은 이 번이 끝이라고…….'

학교 뒷담을 끼고 돌아 나오는 길에, 다른 곳으로 잘 날아갈 수 없는 곳에, 그렇게 수북히 쌓인 은행잎을 밟아본 적이 없다. 고귀한 잔치에 초대된 귀부인이 되어 오른발 한 발짝, 왼발 한 발짝……. 자연이 선사한 너무도 푹신한 귀한 융단 위를 짐짓 우아한 몸짓으로 걷는다. 한시적인 아름다움을 행복으로 간직하려는 바램으로, 마지막 밟는 자연의 가을 축제인, 노란 은행잎 융단을 지긋이 누르며 소중한 발걸음을 천천히 조금씩 떼어놓는다.

'이미 들어선 겨울에 잃은 가을을 되찾는구나. 두 달 동안 한데 어우러져 정이 담뿍 든 마지막 제자들과 나를, 초대받지 않은 손님으로 만든 서글픔을, 자연이 준 최고의 선물인 은행잎 융단이 위로해 주는구나.'

겨울 한 가운데 있는 가을은 참으로 새롭다. 삶에서 입은 마음의 상처를 자연이 치유해 주는 환희를 맞이했다. 가을을 되찾아 준 자연과 특별한 가을을 잔치로 선사한 겨울에게도 고마운 마음이다.

이렇듯 가을은 마음을 심하게 흔들어 놓기 십상이라 지레 겁이 나도, 어떤 가을은 마음을 일렁이게도 하니, 내 가을은 어쩔 수 없이 친근히 맞이할 손님일 수밖에 없다.

행복과 전화

행복의 선사

그날의 전부(?)를 책임져 주면 행복하다. 세상이 각박해지기도 했지만, 나이가 들어가면서 점점 행복의 기회가 줄어들기에, 조그마한 이벤트라도 내겐 행복이다. 소망하는 꽃 한 송이의 행복 선사에도 무심한 남편 옆에 줄선 탓으로 돌린 지 오래지만.

수필반 두 번째 시간, 신입생에 이어 기존회원도 자기소개를 했다. 육·칠십대도 여러분 계셨고, 모두 자신의 생각을 참신하게 표현했다. 열의가 감도는 분위기도 그렇고, 문학을 하는 분들은 무언가 다르다고 생각했다.

지적인 풍김에 어우러진, 듣기 좋은 음성의 선생님의 강의내용은 수필 예비작가로의 마음을 더욱 부풀게 했다. 항상 문학소녀의 꿈을 버리지 못했기에, 수필을 좋아하는 여러분과 함께 하길 잘했다는 생각이 들었다.

이어 모양도 귀여운 조랭이 떡국, 새로운 여러 모습들과 화기애애한 대화가 있는 찻집까지. 행복을 만들어 주신 모든 분께, 감사의 마음을 묵주에 담아야겠다. 글 밭에서 사는 순수와 열정의 모든 이들에게 축복이 같이하기를…….

행복의 전화

잠수함(집)에 들어앉으면, 가족이 보채도 끔쩍도 않는 무거운 엉덩이는 아무도 못 말린다. 멀리 이사간 이웃사촌이 근처에 왔다하며, 몇이서 교외에 나가자는 모처럼의 데이트 신청전화가 왔다. 잠수 중인 내가 전혀 미동할 낌새가 아님을 눈치 챈 그녀는 다른 이들을 태우곤 집으로 왔다. 주차를 해 놓고 동참하지 않으면 절대로 갈 수 없단다. 귀여운 고집에 어줍잖게 웃으며 손들고 나갔다.

그 날, 그녀는 우리 모두를 책임졌다. 근사한 곳으로의 드라이브, 맛있는 점심, 분위기 있는 찻집까지, 몽땅 서비스했다. 하루를 만끽한, 흔치 않은 행복을 선사한 그녀에게 고마운 마음이 크다. 가라앉은 마음을 털어 준, 그 날의 행복을 잊지 못한다.

주말에 친구에게서 전화가 왔다. 남편과 외식을 하고 있는 데, 곧 오라는 내용이다. 오랜만에 행복을 파는 전화를 받고 기뻤다. 부부만의 오붓한 주말시간에 나를 초청하니, 영광스러운 일이다. 많이 고마웠다. 벌여 놓은 것도 많고, 늦은 저녁시간이라 가지는 못했지만…….

별로 소심증이 없다고 생각하는 내게, 언제부터인지 전화소심증에 걸렸다. 전화를 거는 것부터 의식하게된 내 소심증은, 순전히 타의에 의한 것이라고 탓하면서. 전화를 걸고 받고 하는 중에 저절로 깨달은 것은, 오는 전화의 절반 이상이 거는 사람의 필요에 의한 것이든지, 이익을 위한 것이다.

전화의 속성을 의식한 후부터 전화 거는 것에 신중을 기하게 되었다. 격의 없는 죽마고우의 수다 마저 서로 맞아야 한다. 몸이 안 좋아 두문불출할 때, 전화라도 하면 훨씬 마음의 앙금이 풀리나, 친구가 부재중이거나 한가하지 않을 수 있어 쉽게 간과할 일이 아니다. 친한 사이라도 상대의 입장을 고려하지 않으면 결례가 될 수 있다.

세상이 바삐 돌고 각박하다지만, 행복한 날을 선사할 때보다 받을 때가 더 많다. 이젠 내가 행복선사를 더 많이 해서, 맘껏 즐거움을 나눌 수 있기를 소망한다.

핸드폰 부재

이웃들은 '활동적이다'라고 듣는 내게, 핸드폰이 없음을 이상히 여긴다. 핸드폰이 있었으나 과히 필요치 않아 제대한 아들에게 주었다. 주고 나니, 더 편하다.

각양의 모임에 가보면, 직장을 다니든, 전업 주부이든 핸드폰을 거의 다 갖고있다. 경제적인 것과는 별도인가. 어느새 모두 새 모델로 바뀌었다. 오히려 내가 보기엔 그들이 기이하다. 통신비의 지출이 더 되는 것은 접더라도, 족쇄가 된 핸드폰의 이용을 보면 가족이나 친구가 대부분이다. 선진국에서는 꼭 필요한 사람 외에는 핸드폰을 갖고있지 않아 드물다한다. 필요한 사람에게는 몇 사람의 몫을 대신하는, 큰 공신(功臣)이지만.

핸드폰 부재가 돈을 벌어 줘서 잠시나마 행복했던, 졸부의 마음을 가졌었다. 아파트경기가 상한가를 치고 있을 때, 미리 대지를 사놓았다. 매물이 귀할 때라 물건에 대한 만족도가 충족되지 않았는데도 매입했다. 안지가 오래되어 막역한 사이가 된, 공인중개사의 의견을 전폭적으로 받아들여 샀고 전매할 의사도 비쳤다.

얼마 지나지 않아 경기가 토지로 옮겨지면서, 오른 값에 사려는 구매자가 나섰다. 중개사가 수없이 집에다 전화한 그 날은, 밤늦게 귀가했기에 통화를 못했다. 다음날 아침 일찍 연락이 와서 중개소로 갔다. 어제 계약을 하려던 구매자는 남편과의 의견불일치로 내일 계약하자며, 가 계약금을 중개사에게 맡기고 갔다. 그날, 내 물건에 대한 정보 수집을 다각도로 했다. 장기간 보유하면 가치가 상승 할 것이라는 결론을 얻은 다음, 전매할 의사가 전혀 없다는 확고한 의사를 통보했다. 다음 날, 구매자가 계약하러 왔었다는 소식도 들었다.

지금은 가치가 그때보다 더 나간다. 그 때 핸드폰이 있었다면 매도했을 것을, 핸드폰 부재가 이득을 가져다 준 것이다.

재빠른 사회에 빠르게 행동해야 이득이 될 것 같으나 이제껏 짧지 않게 산 세월로 경중을 따져 평균치를 내면 기이하게도 반반이다. 위의 「핸드폰 부재」의 경우처럼 심사숙고할 시간을 필요로 하는 일이 반은 되기에.

행동과 생각의 상관을 크게 세 가지로 나누면, 생각을 먼저하고 행동하는 신중형, 생각과 행동을 동시에 하는 진취형, 행동을 먼저하고 생각하는 조급증형이 있다.

이에 어느 형이 좋다고 순위를 정함은 모순이다. 경우에 따라 세 형을 고루 응용해야 한다는 생각이다. 적절하게 응용의 묘를 살리는 이야말로 행복의 열쇠를 쥔 주인공이다.

쓰러진 친구와 자녀에게

중병 든 친구에게

먼저 주문부터 해도 되겠지. 하루에도 여러 번 불행의 질곡을 넘나드는 불안정한 네게 주문부터 하는 것을 용서하기 바란다.

이제 너 자신을 위해 자신만을 사랑할 차례이다. 세상 만가지 일을 그 자리에 그냥 놓아두고 너 자신만을 사랑하자.

어느 날 그렇게도 열심히 살았던 네가 쓰러진 후, 잘 움직일 수 없는, 원하지 않는 지금의 상황을 받아들이기에 답답하고 어렵겠지만 순종하는 마음으로 받아들이자.

여기 이곳 지금의 나, 사랑하는 내가 못마땅해도 나를 인정하고 새로 시작하자. 여러 장애인들 중에 자신에게 순응하고 사랑한 사람일수록 정상인까지 감동시키고 있지 않는가.

내가 전과 같지 않다고 해서 전과 같고자 자신을 부둥켜안고 시간을 죽인다면, 그 시간에 나와 끔찍이 아꼈던 가족도 함께 죽는다는 것을 인정하자. 어렵겠지만 이제, 자질구레하게 욕심부리던 것들을 버려야 할 때이다.

처음 쓰러질 때 너무 쉽게 정상인으로 되게 하려는 급한 마음이 문제였지. 우선 자신의 일에 집착했던 생활을 인정하고 좀 자신에게 밀착되어있는 마음을 조금만 띄어놓아 여유를 갖고 자신을 바라보기를 간절히 원한다.

너는 변함없이 그 자리에서 그 사람에게 그 일을 해야한다고 생각하며 살아왔다. 주부가 가정을 일구어 가꾸고 무엇보다 자신의 분신을 끔찍이 사랑해서 온 정성을 쏟으며 열심히 산 것은 자신이 사랑하는 가족이니 합당하다.

그러나 그러했던 네가 그럴 수 없어지자, 온 세상의 끝에 와 있다고 울부짖는다.

가슴이 아프지만 이젠 아니다. 세상을 달리 보자. 무엇보다 자신이 달라져 있지 않은가. 흔히 들었지. 내가 존재하므로 세상이 존재한다는 것을. 여기서 세상을 추상적으로 보지 말라. 그 안에 너만 아닌 가족까지 다 포함된다.

나를 위해 섭생하는 하루하루로 매일 조금씩 나아져야

지. 꼭 무엇을 하는 것보다 존재하므로 이유가 됨을 가슴으로 받아들이고 너를 어느 만큼 되돌려 찾을지 몰라도, 그 정점이 되면 그 꼭지점을 인정하고 새 출발하자.

자기 자리를 지키고 있기만 해도, 가족들에게 기댈 기둥이 됨을 가슴 깊이 아로새길 때이다. 꼭. 또 귓등으로 듣지 말아라. 간절한 바램으로 너를 위하는 말이니.

네 남편과 아이들 모두 너를 향한 한 맘으로 정성을 쏟으니, 날로 눈에 띄게 좋아지는 너를 만나는 것도 기쁨이다. 네 의지도 훌륭했다. 끊임없이 최선을 다하는 사랑하는 친구여, 네 건투를 그리고 언제나 축복이 함께 하길 기원한다.

친구 자녀에게

애들아 두 번이나 큰 일을 치르느라 얼마나 놀라고 힘들었니. 아줌마가 편지를 띄우며 너희에게 위로가 되어 조금은 희망의 마음이 되기를 바란단다.

아줌마 여고동창의 어머니에 대한 이야기이다.

여고시절, 그 친구 집을 참 부러워했고, 사는 모습이 달라서 자주 놀러갔다. 친구 부모님은 음료도매상을 했는데, 가게 위층에 살림집도 있었다.

부모님 모두가 인자하시고 부지런히 일하시는 모습이 너

무 보기 좋아 나까지도 흐뭇했다. 아주머니는 억척스런 여인상으로 큰 가게를 하면서 1남 5여 모두를 훌륭하게 키우곤, 당신이 편안히 쉬려 할 때 쓰러지셨다.

너희 어머니와 똑같은 병이다.

혼전인 병원간호사와 교사인 끝의 두 딸은 시간표를 만들어 한 치의 빈틈도 없이 지극 정성으로 간호를 했다.

너무도 사랑하는 어머니이므로.

너희 어머니와 다르게 연로해서 쓰러지셨으니 언젠가는 돌아가실 줄 아나, 어머니와 함께 사는 나날이 행복하기에 같이 할 시간을 더 갖기 위래 지극 정성 돌본다고 했다.

10년을 하루같이, 여느 노파보다 더 깔끔한 그 분은 행복한 분이다. 당신의 지금 모습을 누군가가 소중해 하니까.

그 들 모녀는 눈으로 말한다. 어머니가 무슨 말을 하는지 다 안다. 서로 손을 꼭 잡고. 보통과 다른 풍경은, 딸이 엄마처럼 되어 아기가 된 엄마를 달래며 보듬는 모습이 아리도록 정겹다.

그렇게 어머니를 지극 정성 모시고 살면서, 둘 다 결혼에 대해서는 별로 관심을 갖지 않아 50을 바라보는 나이에 와 있지.

애들아, 가족이 갑자기 쓰러지면, 나까지 낮아진 눈 높이에 맞춰 애쓰다가 허리가 아프다고 투덜대지 말자. 거기 계시므로 내게 힘이 된다는 것을 배우자.

오랫동안 병든 노모의 갖은 치다꺼리를 하는 늙은 아들이 "하나도 힘들지 않아요. 그저 제 곁에 오래오래 계시기를 바랄 뿐이지요. 저를 알아보지 못해도 곁에 계시기에 힘이 됩니다"라고 하는 효자들의 말을 여러 번을 들어도 그 속뜻을 이해하지 못하고 그저 인사성 말인 줄만 알았지, 내면의 진실을 전혀 알지 못했다. 어머니의 분신인 자신이 어머니 품에서 큰 다음 그 품이 스러지려하니, 분신인 어머니에게 되돌아가 합치가 된다는 것을 읽지 못했다.

근래에 그 말이 진실인, 사람이 많다는 걸 깨달았다. 그럴 수 있는 사람들 모두 참으로 행복하다는 것도.

애들아, 그 동안 애 많이 썼다. 이제 엄마가 많이 좋아졌으나 절대 안정이 필요하다. 엄마는 그냥 옆에 계시므로 위대하다는 것을 배우자. 이제 성인이 되었으니 엄마가 너희에게 했듯이, 그렇게 되돌려드리면서 엄마에게 알뜰살뜰한 보호자가 되어주렴.

간혹 예전의 엄마가 그리워도 참자. 기운을 내고 마음을 다잡아 너희 자신을 위해 보람있는 알찬 생활을 이루며 살기 바란다.

엄마가 간절히 바라는 것도, 열심히 사는 너희들모습임이 틀림없을 터이니, 언제나 파이팅. 알았지.

하늘 영상편지

하늘에 계신 어머니께

하늘나라에 계신 어머니, 당신을 그리며 영상편지를 띄웁니다.

당신은 이세에서 내내 불운의 연속인 삶을 사셨고, 마지막 가실 적에도 쉽다며 찾아온 이 없는, 끝내 쓸쓸한 마지막 길을 가셨습니다.

탁월한 유머감각과 명석함은 뒤로한 채, 여럿 식구가 매달린 치인 삶이 당신을 불안정하게 만들었죠. 앞에 가로놓인 커다란 책임 때문에 복잡한 이해관계에 빠져, 잘 나가다 번번이 공든 탑이 무너졌죠.

생각 없는 말과 행동으로 구설수에 휘말리고, 민감한 성품으로 상처받던 당신. 인간관계는 언제나 울퉁불퉁 이리 치이고 저리 치이던 삶. 철저하게 사랑이 배제된 삶을 산 인생. 생각은 많은 데 게을러 실천력이 부족하고, 귀찮은 것은 피하는 성품으로 뒷심이 못 미쳤던 당신.

뒤늦게 주님을 찾은 당신이, 제일 좋아하는 찬송가를 불러드립니다. 그 내용 안에 당신이 원하는 모든 것이 들어있음을 가신 다음 깨달은, 당신께 바친 국화의 빨간 꽃가루가 파스텔화처럼 물들인 찬송가 411장을 다시 적십니다.

그런 당신을 가장 사랑했기에 미워도 한 난, 너무도 그렇게만 살다 가신 당신이 불쌍해, 끝내 호강시켜드리지 못한 내 자신이 한스러워, 섧게 그렇게 울다 잠이 들었죠.

하늘나라에 계신 당신은 눈부시도록 환한 모습이었습니다. 선녀처럼 흰 너울로 휘감긴, 눈부시도록 근사한 모습으로 만면에 활짝 핀 웃음꽃의 당신은 너무도 행복해 하고 계심을 알고 얼마나 기뻤는지 모릅니다.

그랬습니다. 우리 주님은 당신을 알아 보셨습니다.

이세에서 사실 적에 겉보기의 당신과 달리, 항상 정직하고 단순할 정도로 자신의 맘만 믿었던 마음이 가난한 당신을, 핍박받은 당신을, 잃어버린 양을 거두셨습니다.

참으로 좋으신 하느님, 감사 드립니다. 저의 온 마음에 안심과 충족감이 넘칩니다.

고통의 짐을 모두 대신 지어주신 주님을 모시면서, 기쁨이 충만하게 사십시오. 그렇게 영원히―.

천당에서 내내 행복하실 어머니께, 땅에서 딸이 올립니다.

땅에 아는 이와 딸에게

난, 나를 덜 사랑했던 것이 분명합니다.

남과 대할 때, 마음과 다른 성격이 불뚝거림을 수수방관하고, 대뚱맞은 자신을 붙잡지 못 하고, 어른들의 세모꼴 눈을 의식하면서도 되는대로 놔두는, 자신이 몹시 싫으면서도 그렇게 되기까지는 연유가 있었습니다.

배우고 싶은 내 간절한 소망과는 무관하게, 목숨처럼 아꼈던 책보가 아궁이로 들어가고 학교를 더 이상 다니지 못하게 되면서 좌절감을 부여안고 삐딱해졌습니다.

당신 주위의 모두와 다르게 특별한 걸 알까봐 염려하는, 계부 못지 않은 괴팍한 아버지에게 감시 받는 생활이 시작됐습니다. 곱지 않은 내가 글자를 배워, 아는 척하는 꼴은 못 본다는 심한 노파심이었습니다.

하루종일 먹이를 구하는 일에만 매달려 사는 생활은 '동물의 세계'에서 실컷 봤습니다. 난 일생동안, 인간은 다른 동물과 달리 '생각하는 갈대'라는 말은 몰랐습니다.

식구들 먹이를 구하기 위해 보퉁이를 이고 장사를 하며 하루종일 쏘다니는 아낙네라 할지라도, 인생은 과연 뭘까하는 생각은 안 하는 것보다 낫다는 것을, 더더구나 '인간은 사회적 동물'이라고 하는 말은 더 모를 수밖에 없었지요.

그러나 단어의 조합을 맞추지 않았을 뿐, 난 다 알고 산 거나 마찬가지입니다.

알고 싶은 충동은, 생각의 갈대를 헤매고 싶은 거, 매사에 의미 담기를 열망하고 애정을 가졌던 거, 장사를 하면서 남의 비위를 맞춘 거, 입에 풀칠을 할망정, 한 자라도 더 가르치려고 애쓴 거.

이런 것이면, 다 맞춘 거 아닌가요. 인간이 만든 이론에 맞춰야만 다 아는 것은 아니지요. 난 나를 맘에 안 들어하니, 견공과는 다르겠죠. 견공이 아무리 영리하다 한들, 자기가 맘에 안든 적이 있을까요.

이제 구차한 변명이 무슨 소용 있겠습니까. 이승에서 저승으로 오는 것은 한 줄기 빛처럼 찰나인 것을. 덧없는 세월이었습니다.

딸아, 네 안의 너를 부여안고 힘들어 하던 딸아, 내가 맘에 들지 않는다고 쓴 책 '메기와 청어'를 내 영정에 놓고 더 이상 울지 마라. 죄스러워 하지 마라.

지금 난, 누구보다 충만한 사랑에 싸여 잘 지내고 있으니.

하늘나라에서 행복한 나날의 어미는, 너를 위해서도 기도하고 있단다. 땅 나라에서 너무 버둥거리며 살지 말아라.

네가 해결할 수 있는 것은 한정이 있다. 보이지 않는 손이나 시간이 해결하는 것도 많으니, 좀 여유를 갖고 살기를 당부한다.

아주 많은 세월이 흐른 다음 너를 만날 것을 기약하며, 땅에 있는 모든 이와 네게 내내 축복이 함께 하길 간절히 기도한다.

땅 나라에 있는 딸아, 사랑한다. 영원히—.

타임캡슐

모처럼 남산골 한옥마을을 찾았다. 남산골 한옥마을은 이곳저곳에 흩어져 있던 서울시 민속자료인 전통가옥 5채를 이전, 복원해 이뤄졌다. 한옥마을이 내려다보이는 언덕에는, 서울 정도(定都) 6백년을 기념하여 1994년 11월29일에 지하15미터에 타임캡슐을 설치했다. 타임캡슐 안에는 1994년 서울의 도시모습, 시민생활과 사회문화를 대표하는 각종 문물 600점을 수장했다. 현시대의 사회상이 서울 정도 1000년이 되는 2394년 11월29일에 후손들에게 공개된다.

4백년 뒤인 우리들의 자손들은 그 것을 보고 무엇을 느낄까. 오랜 옛날 이런 것들이 있었구나 신기해 하겠지. 좀 더 생각을 즐기는 자손은, 우리 조상들이 이렇게 살았구나. 4백년 전을 상상하며 자신의 존재를 귀히 여기기도 하겠다.

현재의 우린 너무 생생히 이루어 놓은 것을 최선이라 생각하며 살고 있듯, 자손들도 무심히 지나치기도 하리라.

현실에 집착하고 기우뚱한 자세로 달리며 사느라, 옛날은 별로 중요하지 않다고 생각할 수도 있다. 그러나 개인에 따라서 가치를 달리해도, 어떤 형태로든 메시지 역할을 할 것으로 기대한다.

졸업장들이 든 원통을 정리하면서, 아들에게 도움이 될 어미의 바램을 담으면 좋겠다는 묘안이 떠올랐다. 언젠가 발견하게 되면 좋은 메시지를 담은 타임캡슐 역할을 하길 간절히 바라면서.

졸업장 통에 여러 증서가 누구의 것인지 궁금하여, 잘 빠지질 않는 걸 빼느라 한동안 씨름했다. 아들의 초・중・고교 때의 여러 증서들이 들어있었다.

그 안에 자신의 일이든 남의 일이든 무심한 아들에게 생일날 받은 듯한 여러 명의 축하문을 보면서 가슴이 일렁거렸다. '이런 이벤트도 있었구나.' 여러 명이 쓴 내용 중에서 좋은 내용만 크게 보려는 심정이 된다. 딸에게서는 여러 번 접했던 경우로, 좋은 말의 무더기를 보면서 기뻤다.

딸과는 달리 아들에게 발견한 축하 글들이 담긴 카드는 어미를 회한의 심정으로 인도했다. 기르면서 딸에 비해 아들을 비하시킨 적이 있을 거라는, 내 친구의 말을 입증하는 듯해 미음이 더 갔다.

그 통에서 빼낸 것을 다시 애써 넣으며 떠오른 생각은, 아들에 대한 어미의 마음을 담은 쪽지를 함께 넣는 것이다.

언제 소용이 닿아 꺼내 보게 될지 모르나 언젠가 열어 볼 날을 위한 미정의 타임캡슐로 삼아 훗날 어미의 마음을 알면 어미를 새롭게 기리며 회고하겠지. 아주 먼 훗날은 아니니, 자신의 일도 돌아보고 회상하며 이 어미와 끌고 당기던 때를 좋은 추억으로 떠올리리라.

좋은 내용이 떠오를 때마다 야금야금 적어 놓은 타임캡슐.

자식 앞에서는 이기는 부모가 없다하나, 이 어미의 마음이 전달되는 의미의 타임캡슐의 조건으로 바라면서, 정하는 타임도 아들을 위한 시간으로 미정이다.

먼 훗날 이 어미가 세상에 없을 때, 우연히 발견해서 읽게 될지도 모른다. 그나마 통제적 조건이 있어 안심이다. 학창시절의 졸업장을 꺼내 볼일이 별로 없을 테고, 통에 꽉 차게 들어 있어 잘 안 빠지는 것으로, 지하 15미터를 대신한다.

매사에 감동이 적고 무심한 아들이 가슴을 치면서 통곡하며 개과천선하는 아들이 되는 일을 꿈꾸는 획기적인 기획이 담긴 음모다. 바램의 이룸이 미지수이나 희망을 건다.

자신만의 타임캡슐을 여는 순간, 어미의 위상이 잔소리꾼에서 유능한 매니저로 탈바꿈할 것을 기대하며, 오늘도 바느질감에 매달려 땀땀이 정성껏 꿰매듯이 또박또박 적어서 넣어둔다. 접어 넣은 편지는 나래가 되어 미래의 비상을 위해 힘껏 도약하는 발판이 되리라 기대하며.

2001년 3월

여러 과정을 거쳤으나 정상적인 대학에 편입해서 기뻤던 일이 엊그제 같은데 벌써 졸업을 했구나. 웬일인지 네 느긋함에 비해, 어미의 마음은 조급하다.

오늘 너하고 재미있는 말을 나누었다.

"아들아, 세상이 마음대로 되는 건 아냐 뜬구름 잡지마" 하니, 하늘을 보며 "오늘은 새털이네 비가 오려나"하며 농으로 받아들이는 너를 보면서 "아유 저걸 그냥"하니, "아유 귀여워 어쩌나"하며 어미를 갖고 놀았지.

2001년 5월

대학을 졸업하고 방향을 잡지 못하기에 제일 속상한 마음일 때, 간헐적인 연속싸움을 했지. 마땅치 않아도 네가 화를 잘 내지 않는 성품을 위안으로 삼았는데, 며칠동안 얼굴도 마주치지 않고 말을 안 하는 네 화난 모습을 보면서 눈치를 살폈었다.

들어오는 너를 보면서 "집으로 들어서는 네가 반갑지 않으니 어떡하지"라고 한 말이 원인이었지.

일주일 후 또 부딪쳤지. 네가 기분이 좀 풀리더니, 어미의 마음에 안 차는 생활의 반복을 보곤, 참을성의 한계로 또 다혈질 언사가 나갔지.

"부모가 일구어 논 기반에 얹혀서 사는 넌 도둑이나 마찬가지야"하고. 더 축 쳐지는 네 어깨를 보면서 돌아서며 후회하지만, 네게 쏟은 말 중 제일 심한 말로, 이미 쏟아진 물이었다.

2002년 1월

지난 1년간 너와 어미가 한 마음이 되면서 네 전공과 상관없이 취업을 위한 웹 디자인 공부를 했으나 네 적성과 거리가 멀어 무산됐다.

원점으로 돌아가 네가 원하는 영화연출을 위한 유학을 고려하거나 대학원의 적을 두려고 무척이나 애썼지만 마음을 졸이는 시험 결과를 기다리다 모두 허사가 되었을 때, 우리 둘 다 기진맥진됐지. 정보수집 부족에서 온 둘의 실패작이었지.

여러 가지의 쓴 고배가 곱게만 자란 네겐 사회를 바라보는 눈을 달리했으나, 네 무심한 마음이 어미의 한계를 넘어 설 때는 예의 간헐적인 일방적인 다툼은 그치지 않았지.

손에 잡히지 않은 실체와 시간의 흐름은, 한창 나이 일 때 시간이 아까워 잠도 줄였던 어미로서는 답답하기 이를 때 없었다.

영화사 취직과 영화 아카데미의 갈림길이 있던 날, 어른들의 판단은 무시되었다. 넌 아카데미로 가서 확실한 기초를 다진 다음 실전에서 뛰어보겠다는 의지를 굳혔지.

1년 후를 기약하며 네 취지에 전폭적인 어미가 손을 들어주었으니, 네 실무를 위한 학업은 계속되는 거다. 이에 보다 열심히 해서 능력을 백분 발휘해주기 바란다.

2002년 7월

시집간 동생이 네 샌들을 부쳐왔다. 맞벌이하며 사느라 바쁠 텐데, 지난번 올 때 오빠신발이 헐어진 걸 봤나보다.

둘 다 심각한 성품이 아니라, 간혹 애 닳는 어미 심정을 비쳤었지. "이 세상에 엄마 배에서 나온 사람은 둘뿐이 없으니, 서로를 자신처럼 아끼고 살펴라"고 한 말이 효험을 본 것 같아 내심 기뻤단다.

네 무심한 마음에 유일한 피붙이인 동생을 향해 생각해주는 마음을 심어주기 바란다.

2002년 8월

밤새 동아리와 촬영 연습을 하고 아침에 들어왔지. 운동이 과해 초저녁잠을 미리 자두어 밤3시에 침대에 들었기에, 아침까지 자고 있는 어미의 엉덩이를 두드리며 혼잣말로 "사랑해요"하고 갔지. 엄만 잠결에 듣고 가슴으로 작은 환희가 밀려왔지. 기분 좋은 하루를 선사한, 네 말은 특별했단다. 자신의 생각을 잘 표현하지 않는 네가 획기적인 말을 읊조린 것은 대단한 일이기 때문이다. 다시는 그 말을 하지 않을 것 같아 못들은 척 해둔다. 말로 여러 번 해주는 것보다 30년 동안의 마음을 전달해 준 것이 더욱 귀하기에 영원히 가슴에 간직하련다.

대단원의 학업이 끝나는 내년에는 엄마 빨간 내의를 사다 줄 것을 희망한다. 좋아하는 일에 수입이 실어지면 더없이 좋겠다. 참한 며느리에 귀여운 손자를 볼 수 있는 순서를 기다리는 마음이 간절하기 때문이다. 그리만 되면 옛 어른 말을 따라 할 수 있겠다.

"이제 눈을 감아도 여한이 없다"고…….

어미가 숨쉬고 있는 한, 타임캡슐 안에 넣는 쪽지는 계속될 것이다.

이 어미가 네게 남긴 타임캡슐을 네 처자와 열어보고, 서로를 더욱 보듬고 사는 화평한 가정을 일구기를 소망한다.

여심(女心)

대접에 감주를 담아내는 안방마님 같은 넉넉한 성품의 선배가 있다.

좋은 인상과 단정한 매무새는, 사람을 곁에 두기를 좋아하고 생활도 부지런한 면을 엿보게 한다. 선배의 성품만큼이나 내가 좋아하는 것은 고운 맵시와는 전혀 다른 굳은살이 배긴 거친 손이다. 선배의 손은 다른 이들의 손과는 많이 다른 느낌을 준다. 숨긴 감화가 담겨 있다.

언제나 침착하고 여유 있게 보이는 자태는 순리를 따르는 선배의 생활에서 비롯된 것임을 알았다.

선배에게는 16년이나 하루같이 보살피는 신장병을 중히 앓는 남편과 팔순의 시부모님이 계셨다. 주치의의 말처럼 "아내의 지극 정성이 없었다면 이미 10년 전 이 세상 사람이 아니다"는 선배를 잘 일컬은 말이다. 선배가 남편을 뒷바라지하는 것을 보면, 눈물겹다는 말은 너무 쉬운 표현이다.

선배는 전문간병인 이상이다. 매일이 과히 예술이다. 흙을 빚어 도자기를 창조하는 예술가처럼 매일의 삶을 빚어 만들어 영위하는 예술가.

매일의 상차림에서 남편 신병에 맞는 찬을 준비할 때, 종류나 정확한 영양가의 산출로 섭생을 도왔다. 그런 정성이 모아져서 중병의 남편이 생을 마감하는 날까지 사업의 현장에서 뛰면서 번창케 했다. 회사에 온 손님이나 사원들을 자주 집으로 초대해 대접했다. 선배의 손은 마이더스의 손처럼 닿기만 하면 쉽게 멋진 상차림이 완성된다. 노부모를 지극 정성으로 모시기도 마찬가지다.

남편이 더 이상 버틸 수 없는 지경으로 신장이식수술 없이는 가망이 없다는 선고를 받았다. 나날의 긴 밤을 지새며 피맺힌 갈등의 결과로, 아들의 신장을 이식했고 수술 결과도 좋았다. 숨을 돌리고 불안한 마음이 안정되려고 하는 두 달 후에, 가족들이 알아차릴 새 없이 TV를 보던 모습 그대로 그렇게 이승을 황망히 떠나셨다.

선배는 심한 허탈감으로 목 디스크를 앓게돼, 건강을 추스르고 남편의 산소를 돌보는 것으로 자신의 생활을 시작했다. 어우러지는 걸 좋아한 만큼, 주위사람들의 소망으로 점차 회심(灰心)을 털고 일어났다. 살림만큼이나 사회의 제

반시설도 잘 응용하는 생활타입으로, 다양함을 구사하며 살던 반가운 모습으로 돌아왔다.

선배가 제일 먼저 한 것은 남편이 해 주고 싶었는데 실행치 않았던 일들이다. 남편을 편히 잠들게 하기 위함일까. 특별한 결혼기념주년에 남편이 선물하고 싶어했던 승용차와 고급 오버코트를 손수 샀다.

멀지 않은 곳에 도예마을이 있어, 심취하며 있는 흙을 빚을 수 있는 좋은 곳을 정했다. 입문한지 엊그제인 것 같았는데, 집안에 작품성이 훌륭하게 보이는 도자기가 널려있다. 얼마 전, 인사동에서 그룹전을 크게 열어 구경을 갔다. 선배의 성품과 어울리는 작품들을 보자마자 한눈에 반했다. 선배는 또 능력을 발휘한 거다.

여름에는 근교에 새로 마련한 텃밭을 일구며 채소 가꾸는 보람으로 어두웠던 표정이 많이 밝아졌다. 내가 식물 가꾸기를 좋아하니, 채소밭 일구기도 잘할 거라며 내년에는 공짜 일군으로 쓴단다. 원하면 얼마든지.

함께 갈 데가 있어 선배 집에 들렀더니, 내 혈색이 안 좋다며 볼연지를 바르라고 한다. 아끼고 좋아하는 거라며 건네준다.

뚜껑을 여니, 우유 빛이 감도는 사탕 같이 크고 작은 여러 색의 알들이 가득하다. 파스텔 톤의 진분홍, 주홍, 노랑,

흰색 그리고 연두색은 왜있지. 심리를 자극한다. 솔로 살살 굴리며 묻혀, 볼에 살짝 발랐다. 여성과 관계되는 유행이나 물건에 별 관심이 없는 데도, 확실히 그 기분만은 차이가 났다. 보통 파우더와 별 차이가 있을까만, 조그마한 물건의 특이한 생김과 사용하는 방법이 저절로 우아한 몸놀림을 하게 했다. 얄미운 애교처럼 여심을 꿰뚫은 획기적인 모양새다.

선배가 좋아하는 것들에게 별 관심이 없으나 무시할 수만은 없음을 깨달았다. 유행에 민감하고 고급품을 좋아해서 고가의 물건을 구입할 때, 선배에게 염려의 말을 건넨 적도 있다. 사람에 따라 관심과 사는 방법이 다른데 공연한 참견이었다.

취미생활이나 크고 작은 물건들이 선배의 횡한 마음을 채워주기도 하고, 무엇을 하는 것과 취하는 것이 즐거움이라니, 선배에게 위안을 주는 것들에게 고마울 따름이다.

해 후

단짝친구를 오랜만에 만났다. 3년만의 만남이었다.

그녀는 애인이라고 할 만치 다정한 친구다. 누구보다 절친했던 친구와 잠시나마 단절됐던 마음 아팠던 일이, 지금은 소중한 추억이 되었다.

여학교 때, 그 친구와 난 어린 시절부터 편모슬하와 마음고생의 동병상련까지 겹쳐, 어느 단짝보다 서로를 보듬고 아꼈다. 과묵하고 혜안까지 겸비한 친구는 언제나 언니처럼 챙겨주었다.

나의 여고시절, 은행에 저당 잡힌 집으로 잘 못 이사가, 집을 빼앗기고 길에 나 앉게 되었다. 단칸방으로 전전하며 이사 다닐 때마다, 어디든지 쫓아와서 보살펴주었다. 기억에서 지워지지 않은 일은, 학력고사 기간에 독서실을 데려가 밤을 새며 공부한 것이다. 당시의 나는 공부하기 좋은 독서실이 있는 것도 몰랐다. 밤참으로 포장마차에 데려가서 이상야릇한 모양과 맛의 해삼과 멍게도 처음 맛보게 했다. 어렸을 때부터 소화기관이 약해서 배가 아프길 잘했는데, 그걸 먹고 속이 시원한 걸 느꼈다. 덕분에 해물이 몸에 잘 받는다는 것을 알았고 좋아하게 되었다. 졸업 후에도 계속 이사를 다녔는데, 언제나 찾아와서 정신없이 사는 나를 위로해 주던 친구다.

그런 사이인데 침묵으로 일관한 채, 3년이나 만나지 않았고 소식까지 끊었다. 서로가 자신의 마음을 들여다보듯, 시간을 잃으면 애정 같은 우정을 다시 찾는다는 것을 알기에, 둘만의 묵시적인 두절이었다.

친구의 언니 소개로 알게된, 건축업자에게 전 재산을 투자해서 갖고 있던 대지에 건물을 지었다. 건축업자와의 알력으로 중간역할의 친구에게 어려움이 있었기 때문이다. IMF관리체제 하의 국가경제의 위기상태로 사업상 차질이 생겨 너나 없이 한 발짝 씩 양보했는데, 그 업자는 자신의 이익 외에는 전혀 이도 먹히지 않았던 것이다.

속정 깊은 친구가 '도움이 되지 못해서 미안하다'라는 이별의 의미가 담긴 짤막한 글을 주었고, 서로 소식을 끊었다. 다른 친구들은 둘 다 말을 안 하고 모임도 갖지 않으니, 이유를 묻지 못하고 눈치만 보았다. 우리 둘 사이에 누구도 개재할 일이 아니라는 것을 잘 알고 있기 때문이다.

신축문제가 마무리되는 날, 친구에게 연락을 하리라 마음을 정하고 있었다. 전화통화마저 끊은 상황에서도 서로 마음을 향하고 있는 것을 감지했다.

얼마 지나지 않아 잘못된 투자에는 연연하지 않는다는 신조가 있었기에, 마음을 비우고 쉽게 경매에 넘기듯 정리했다. 문제를 해결했는데도 차일피일 소식 전하는 것을 미루고 있었다. 그간의 이사로 내 소재를 알릴 사이가 없어, 여고동창 모두 모르고 있을 때다.

어떻게 알았는지, 전화번호와 주소를 알아낸 며칠 후인 내 생일날 찾아왔다. 직장근무로 집에 없을 때, 생일선물과 축하카드를 놓고 간 것이다. 내 잘 못이 더 큰데, 미루는 성격으로 먼저 했어야 할 일을, 친구의 아량에 또 우정의 표현을 놓친 채 받게된 것이다. 미안한 마음이 컸으나 가득 밀려오는 감동으로 가슴이 저릿해졌다.

모임에 얼굴을 비치니, 친구들의 원성이 크다. 그 후, 다른 친구 집 모임에서 있던 일이다. 이쯤이면 궁금증을 물어도 된다고 생각했는지, 이구동성으로 "너희 둘에게 무슨 일이 있었는지 이야기 해봐"한다.

모두들의 언니 격인 연인 같은 그 친구를 바라본다. 자신이 무언가를 이야기할 상황이기에 잠시 나를 보다가, 마지막 헤어지던 날을 회상하면서 그 때의 심정을 이야기했다.

"네가 우리 집을 나가서 차를 돌리고 가는 길목을 한참이나 보았지. 내 가슴이, 세상이 철렁 내려앉은 아득한 기분으로, 사라진 차의 잔상이 뿌옇게 변할 때까지 멍하니 서 있었지."

눈물을 글썽이며 하는 말에, 나는 소리 없는 눈물을 흘리면서 엎드렸다. 모두 조용해지며 내 등을 토닥였다. 숙연해진 분위기로 눈물이 더 났지만, 우정의 해후에 아낌없는 찬사의 토닥임이었다.

살아가면서 많은 사람을 만나고 헤어진다. 인연이 닿은 사람은 많지만, 마음을 터놓을 사이는 흔치않다. 친한 사이가 되었다해도, 긴 세월 마음을 함께 나누며 동행할 친구는 드물다.

새롭게 만난 사람들에게는 마음이 써지면서, 정작 친구에게는 무심할 경우가 많다. 그런 나를 돌아보며, 생각이 짧고 어리석음을 절감한다. 오래된 친구, 친척들을 잘 챙겨야 하는데 잘 되지 않는다. 허공을 가리키며 가거나, 헤매는 마음의 가닥이 문제이다. 무릎을 마주하며 동행할 이들부터 자주 찾아가, 정이 도타워지게 일구어야겠다.

술

내게도 술 사연이 있다. 술을 마시면 팽팽한 고무줄 삶을 느슨하게 만들어 준다.

만나면 친근한 욕부터 하는 죽마고우들 중에 애주가가 두어 명 있다. 성실하고 열심히 사는 그 친구 둘은, 혼자된 친구들로 술을 벗삼는 것이다.

집 아이들이 아직 어린 젊은 시절, 그 둘과 식당에서 저녁을 먹으면서 술을 주문했다. 술을 마신 적이 없던 나는 술잔을 부딪치는 일에 동참할 수가 없었다.

친구는 멀뚱거리며 앉아있는 나를 위해 식당아주머니에게 맥주를 사오게 하면서, 볼멘소리로 한마디씩 했다. 너 때문에 흥이 안 나고, 맥주를 사오게 하니 거추장스럽다고 넋두리하는 친구들에게 선포(?)했다.

"친구 따라 강남 간다는데, 사약도 아닌 음료인 술을 못 마실까"하며, 한잔을 받아서 쓴 약을 마시듯 인상을 쓰며 혀에 닿지 않게 하려고 애쓰며 목에 부었다.

지금도 처음 취할 때 그 날의 기분을 잊지 못한다. 그렇게 억지춘향으로 받아 마신 술 몇 잔으로 완전히 취했다. 난 횡설수설했고 친구들은 배꼽을 잡고 웃었다.

현실과 너무 다른, 무릉도원에 들어가 있는 듯했다. 세상이 빙글거리고 사람들은 모두 아름다웠다. 아름다운 사람들이 사는 아름다운 세상을 선사 받았다. 내게 조여진 몇 개의 나사를 풀어서 주고받은 것이다.

그날 난 새로운 사실을 많이 알게되었다. 세상에 무수히 많은 술친구들의 기분을 대입시키며 그들을 읽었다. 큰소리를 치게되는 평소와 다른 자신을 의식하는 것이 나쁘지 않고, 오히려 고무적인 기분을 만들어주었다.

똑바로 걸을 수가 없어 술 선배(?) 둘이 양쪽에서 부축하며 길을 나섰다. 라이트를 켜고 수없이 오가는 차들이 그렇게 멋있는 정경인 줄 처음 알았다. 차도에서는 차들이, 인도에서는 사람들이 널에서 너울거리듯, 위아래로 움직이며 앞으로 가고 있는 광경이 꼭 타임머신 영화의 장면 같아서 너무 멋졌다.

그러구러 주력 20년이 넘었다. 체질상 약한 술이나마 분위기를 술잔에 타서 마시기를 즐기니, 기회가 되면 마다 않고 꽤나 잘 마시는 술꾼처럼 호기를 부리며 참여하는 졸장부다. 언제나 '외로워진 친구 따라 강남가야 해'하는 주술을 걸어놓고 가벼운 마음으로 시작한다.

스스로 이성적인 술 타입이라고 자부한다. 좀 어려운 술자리이거나 술을 못 마시는 사람이 동석하면 잘 취하지 않고, 마실수록 정신이 더 말똥거린다. 그런 경우는 쉬운 술자리와 사뭇 다르게 되는 것이 이상하다.

술이란 술술 넘어가고 말과 함께 분위기도 술술 풀려야 제격이다. 술을 못 마시는 것은 잘못이 될 수 없으나 주제를 단, 기분 좋은 술자리라면 그 자리를 센스 있게 선사하고 일찍 일어나야 한다.

그렇게 배운 술이 아직도 입에 쓰나, 모처럼 반가운 이들과 만나면 흥겨운 시간을 나누기 위해 기분 좋게 마신다. 술잔과 함께 동지애의 눈을 마주치며 즐거운 시간을 만끽한다.

초보일 때는 같이 마신 술이라도 상대에게서 평소와 전혀 다른 취한 모습을 보면, 뇌리에 남아 그를 다시 보게되기도 했다. 그러나 술 연륜을 쌓으면서 또 다른 모습에서 매력을 발견하고, 틈이 엿보이면 친근감이 더 든다. 더불어 인간적인 감성을 발그레하게 홍조 띈 분위기로, 더한 특유의 매력을 선사한다.

술의 매력은 상대가 예뻐 보이는 상태까지만 마시면 언제나 상대가 예쁜 채로 남아있게 만드는 데 있다. 가까이 가지 않았던 어려운 사람과 어깨동무도 하게되는 마술도 걸어준다. 머리 벗겨진 어려운 상사와 함께 디스코텍에서 춤을 추게도 해 준다. 짝사랑하는 사람에게 은근히 마음을 열어 보이는 좋은 기회도 된다.

술의 힘을 빌려 용기를 담는 것을 보면, 인간은 민감한 자존심의 소유자임이 틀림없다. 자신을 대신해 주는 것에 자주 맛들이고 지속하다가, 종내 주인자리를 술에게 넘겨주고 존재를 허물어지게 하는 이도 있다. 술은 친근해 질 수 있긴 한데, 매우 색다르고 까다롭기도 하니, 잘 어루고 비위를 맞추며 상대해야한다. 온전한 술은 인정을 나누며 마실 수 있는 사람만을 따르니 말이다.

술이 잘 따르는 사람은, 술 때문에 괜한 걱정을 할 필요가 없다. 나도 술이 잘 따르도록 어루며 왔기에 마음 쓸 일은 없다.

술은 잠깐이라도 삼라만상이 더 아름답게 비추는 눈을 내게 선사하니, 외로운 날은 막역한 친구와 마주 앉아 잔을 마주치고 싶다.

5. 마음안에 가슴안에

소망보다 가벼운
바라는 마음인 희망사항을 그렸습니다.
소망보다 가볍다 함은 우리가 그리 할 수 있어
더 나아지게 만들기에 우리들 세상은 살만하다고 합니다.

적 응

내 삶의 좌표에 상승곡선을 크게 그려 준 계기가 있었다. 대학시절에 들었던 강의로, 언제나 머리에 선명하게 자리잡고 있다. '사회환경 변인에 대한 적응'으로, 급변하는 세상에서 우리들이 살아남는 길은, 그런 환경에 대한 발빠른 적응에 대한 내용이었다.

교수님이 강의에 앞서 나눠 준 자료를 읽는 순간, 뒷머리에 전율을 느꼈다. 시간 내내 열 띈 강의내용이 마음을 흔들어 숨도 크게 쉴 수 없었다.

당시에 그 내용이 내게 크게 작용함은, 20년 전인 1980년대 초기당시의 주변인들처럼, 앞서는 일에 발빠른 대응을 해야한다는 생각을 미처 못했기 때문이다. 내게 부족한 적응력의 향상이 꼭 필요한 시대라고 생각하며, 의미 있게 받아들이고 마음의 갈피를 잡았다.

그 때 형성된 가치관을 바탕으로, 20년 동안 시대에 발맞춰 살려고 노력했다. 지식이 폭주하는 시대에 살면서 '단편적인 지식은 미래를 보장하지 못한다'는 앎에 대한 방향타 제시에 이어, 학문이 중요하다며 모두 열심일 때 '학문에서 탐구 위주로의 전이시대다'는 눈부시게 발전하는 시대에 맞는 생활을 위해서는 이론에 그치지 않고 실생활에서 찾아야 한다는 내용과, 전문적인 사안이 필요할 때는 '여러 사람의 의견보다, 그 분야의 전문가와 상담하라'는 말을 받아들이며, 더 알찬 삶이 되도록 노력하며 살았다. 10년 동안 286에서 386, 486, 팬티엄, 멀티미디어, 인터넷으로 바뀌는 정보발전에, 발빠르게 컴퓨터를 바꿔가며 동참했다.

지금은 '현대인은 곧 경제인이다'에 전적인 공감을 갖는다. 여타 신문은 심심하고 경제신문이 재미있다. 세계경제정보를 단번에 파악하게 하는 통신매체도 한 몫 한다. 경제와 연관한 다각도적인 흥미가 각 방면의 감각을 발달시킨다.

386전 세대는, 절약내핍의 어려운 생활로 열악한 교육환경에서 성장했기에, 현대사회생활에 대한 적응력이 부족할 적이 많다. 봉건적인 가정에서 자란 이는 적응력이 더 떨어지기 십상이다. 실제상황변화에 대처하는 센스가 떨어진다.

자라면서 영향을 준, 가법(家法)이나 풍습에 얽매이는 피동적인 생활로 여타경험을 가질 기회가 적었기 때문이다.

변화무상한 세상에 발 빠르게 적응하지 못하는 이는 발전하기 힘들다. 남편의 경우가 그러하다. 그는 전공학문을 지나치게 사랑하나 자신의 입지와 가계에는 보탬이 적다. 시간과 노력, 참고서적비까지 들이면서 온 정성을 쏟은 결정체인, 전문서적을 연거푸 탄생시킨다.

라디오에서만 듣는, 노래를 잘 부르는 가수를 얼굴 없는 또는 언더그라운드가수라고 하듯, 숨은 존재가 드러나면서 학계에선 "그가 누구야, 누군데 이런 책을 계속 내지"라고 하면서 그의 이름을 들먹였다. 온 정성과 노력의 결정체인 그의 책이, 현실적인 내 희망사항을 상쇄시키기엔 부족하다.

"대학에 있을 사람으로, 대학에서 연구하면 자신의 학문 접근이 더 용이했을 터인데"라고, 같은 전공을 하신 고매한 교수님들의 말씀을 여러 번 들었다. 내 뒤늦은 대학입문으로 대학교를 접하게 되었다. 고고한 자태(?)의 교수연구실건물의 정경을 부러움과 안타까운 마음으로 바라보았다. 교수님의 연구실을 드나들면서 더욱 남편의 자리를 실감했다.

운도 따라 줘야하나, 자신의 전공에 남다른 애정과 다져진 실력으로, 고등학교보다 전문가 양성의 장인, 대학에 적을 두었으면 훨씬 좋았을 것이다. 자신의 전공을 연구하며 제자에게 전수하는 나래를 맘껏 폈다면 얼마나 좋았을까. 그렇게 하지 못한 것은 순전히 자신의 몫이다. 뜻이 있는 곳에 길이 있는데, 세상과는 동떨어진 생활을 한 결과이다. 빠르게 변화하는 현실에 대한 적응력이 부족해서 금상첨화의 길을 빗겨갔다.

현실적인 내 친구들은 모두, 그런 내 남편을 편드는 아이러니를 낳는다. 현시대에 동떨어진 순수성에 손을 들어주는 거란다. 경제를 무시할 수 없는 시대에 기이한 존재로 다가왔다며 순수 그 자체라고 한다. 집안에 남은 양식의 전부인, 멍석에 널어 말리던 보리이삭이 비에 쓸려가도 책을 읽고 있는 선비 같다한다. 19세기사람 같다하니, 칭찬인지 아닌지 모를 소리다. 형식의 겉과 동떨어져 전혀 다른, 내용의 속이 다 필요하다는 어려운 메시지로 들린다. 글만 읽는 선비(?)를 섬기며 현실생활을 담당하고 있는, 내 애로를 친구들은 알까.

개개인의 특성의 개발도 중요하지만, 국내외의 평균적인 사고가치가 우선되고 접목되어야한다.

우리나라의 조급한 국민성을 꼬집는 말이 있다. 우리나라에 온 외국인이 처음 배우는 말이 "빨리빨리"라고 한다. 그 보다 더 실감한 것은, 몇 나라의 국민성을 세 가지 예로 말한 내용이다. 중국의 천천히 하라는 뜻인 '만만디'처럼 신중을 기하는 '생각한 다음 행동하는 사람'과, 빠르게 변하는 세상에 잘 대처하는 선진국의 '생각하며 행동하는 사람'과, 우리나라 사람의 특성이라는 '행동한 다음 생각하는 사람'이다. 빠르게 변하는 세상을 향한 경솔함에 일침을 가한 말이다.

우리나라 근대 선조의 맥은 기상과 함께 여유와 풍류가 있었다. 급변하는 세상에 빠르게 발맞추려니 어지러운가. 근면성실하고 참한 고유특성이 조급한 국민성으로 변했다면, 변화에 대한 올바른 적응이 문제이다.

위기의식

누가 어느 나라에 가고싶은가 물으면, 미래에 대한 위기의식과 감동을 함께 선사한, 중국을 여러 번 가보고 싶다고 한다.

1996년 첫 해외나들이기에 설렘과 기대를 안고 중국남부땅을 밟았다. 순수관광이 아니라 자매 결연한 대학간 인문학 세미나그룹에 동참한 것이다.

중국은 우리조상들이 한반도에서 끊임없는 싸움과 건국을 이룩할 때, 대국으로 다소의 영향을 의식과 함께 받았다고 알고 있으나, 그저 소국처럼 느껴졌을 뿐 전혀 실감이 나지 않았다. 경제적인 면으로만 비교하여 비하하는 졸속한 마음이 있었다. 입국하면서 처음 눈에 들어오는 겉모습이 그런 생각을 더 들게 했다.

중국 땅을 밟은 첫발은 질서 없이 부산한 상하이였다. 첫 식사인 점심을 위해 중심지에 있는 커다란 식당에 들어갔다. 손님에게 대하는 무성의한 식당종업원 태도와, 이 빠진 접시에 이것저것 섞어서 성의 없이 담아내는 맛없는 음식으로 첫인상부터 좋지 않았다.

항주로 향하는 여러 시간동안, 한 그림도 놓치지 않고 보려고 했으나 단조로운 모습뿐이었다. 몇 시간을 달려도 차창에 비치는 풍경은 이어지는 들판, 일렬로 서있는 회색의 집들, 어쩌다 앙상한 나무가 보이고 푸른 나무가 없다. 곳곳에 집을 짓는 모습이 눈에 띄었다. 하나같이 벽돌만 쌓으면서 손쉽게 우루루 올리며 짓는 인상을 받았다. 띄엄띄엄 반점이라고 써있는 곳에는 한 두 사람이 현관 앞에 스산하게 앉아 있는 모습이 판박이다. 실내는 추워서 나와있는 거라는, 안내자의 말이다. 어두워지면서까지 여러 시간 달리는 버스차창 밖은, 몇 집 걸러 어쩌다 깜빡이는 불빛이 전부인 것이, 꼭 전시 중 같다. 농사철에는 농사짓는 곳과 거주하는 곳이 다르고, 지금은 농사철이 아니라 그렇다한다.

항주에서 지내면서 쇼핑할 기회가 생겼다. 시장물건들은 저렴하지만 품질이 매우 조악하다. 당시, 중국의 화폐인 위안화 가치가 우리나라 원화의 10분의 1로 국민생활수준이 전반적으로 매우 낮았다.

달리는 차들 대부분이 낡은 소형차에다 신호등은 명색일

뿐, 차와 사람과 자전거가 뒤죽박죽 엉키는 것을 보고 아연실색했다. 옆 사람이 "중국에서 사고 없이 운전하는 사람이, 세계에서 최고 운전사래요"한다. 처음 방문한 그 때가 근 10년 전이니, 지금 중국의 모습과는 사뭇 차이가 나겠다.

열흘간 문화유적 이곳저곳을 둘러보면서, 겉모습만 보고 속단한 마음이 부끄러웠다. 처음엔 선입견에 부응해 나타내 보인, 물질적인 측면만 본 것이다. 그 안에 지대한 정신이 들어있는 것을 무시한 것이다. 중국의 무한한 잠재력과 머지 않아 강대국이 될 것을 실감했고 점차 위기의식으로 변해갔다.

동호에서는, 남해안 해금강 십자동굴과 비슷한 절벽으로 둘러친 방 같은 곳으로 들어가 하늘을 올려다보았다. 하늘에 우물 정자를 그린, 거대하게 세워진 돌들이 자연위상의 예술품인 줄 알았더니, 수백 년을 걸쳐 손으로 만든 거라 한다.

중국의 근대사상작가 「아Q정전」의 노신 기념관에서는 머리 뒤쪽이 쭈뼛해지는 감동을 받았다. 노신 전 생애에 대한 전시품을 알뜰히 갖춘 모습과 마을분위기에서, 그 곳 주민들에게는 으뜸의 자존심이고 그 분을 기리는 자긍심이 생활까지 깃들여 있음을 알 수 있었다. 그들이 사는 여유와 상관없이 정신적 지주인 어른을 옆에 모시고 함께 호

흡하고 사는 듯, 훌륭한 분을 위한 물심양면의 지극한 정성이 생활에 녹아나고 있음을 느꼈다. 우리나라 기념관을 보고 그런 세밀한 감동을 받은 적이 없었기에 대비된 감정이 더욱 컸으리라.

곳곳의 주민 대부분이 불교생활에 젖어있어, 국민성이 한데 어우러져 맥을 이루는 신앙의 거대한 힘을 느꼈다. 온 마을이 사찰로 이루어진 곳에서는 주민 모두가 불도생활로 이루어졌고 믿음의 기조가 굳건하다. 그곳을 방문한 누구에게나 점심을 대접하는, 주민의 인심이 곧 불심이었다. 중국 요소 요소에 자리한 거대한 절과 여러 모습의 불상 앞에서 촛불을 밝히고 향불을 피우며 정성껏 불공을 드리는 사람들의 경건한 모습을 수없이 접했다. 자연동굴 속 구석구석과 뜰까지 곳곳마다 불교특색을 준 모양새와, 위치에 맞는 여러 모습의 불상 앞에서 남녀노소, 지위고하, 빈부차이 없이 모두의 존엄성이 한데 모아진, 혼을 기리는 신앙의 숨결이 고스란히 담겨있었다.

다른 성(聖)의 서예문학행사에서는, 우리가 탄 버스를 국빈이 탄 것처럼 호송 차가 앞서 달리면서 안내했다. 여장을 푼 곳과 멀리 떨어진 성으로, 우리그룹의 특성과 걸 맞는 행사초청은 그 곳과 연관된 교수와 엮어진 듯하다. 국내 문화사랑을 위한 정성인 것이다. 마을초입에 하차하자 오십여 명의 고적대 어린이들이 마중 나와 웅장한 음악을 연주하며 짧지 않은 길을 안내했다. 주민들이 모두 나와 환영하는 떠들썩한 모습이 동네잔치였다. 회관의 넓은 뜰의 가장자리를 따라, 수십 개의 탁자를 이어서 사각으로 빙 둘러놓고 정성껏 준비된 음식을 차려놓은 큰잔치였다. 경축사, 시상, 시범 붓글씨를 쓰게 하며 행사과정 내내 귀빈인양 동참시켰고, 친절한 전시장 작품 안내를 끝으로 극진한 대접을 받았다. 자신들을 위해 몸을 낮추는 그들로, 우리모두 고무적이 되었다.

함오도 유지박물관에서는 그 방대한 규모에 놀랐다. 평원처럼 넓은 곳을 지하 3층 이상의 깊이까지, 손이나 작은 기구만 이용해서 층의 구조를 만들며 파들어 갔다. 선사시대의 조상이 살던 지하도시의 유적을 발굴하며 몇 만년전의 역사를 발굴하고 있는 것이다. 선사시대를 새롭게 창조하고 있다는 생각이 들 정도로, 그들만의 거국적인 민족성을 보았다. 넓고 깨끗한 기념관은 이미 파낸 많은 유적과 유물이 전시되어 있었다. 방마다 특색 있는 유물의 분류와 아직 다 드러나지 않은 대형유적의 예상모형도 함께 만들어 놓았다. 방마다 다른 시대로, 타임머신을 태우고 온전한 선사세계의 여행을 즐기게 했다.

위기의식을 받게 됨은, 성(省)마다 다소 다른 행정을 하지만 기저에 깔려있는 의지가 똘똘 뭉쳐있고, 성장을 향한 응집된 사상과 확고부동한 정신의 맥락을 보고 느꼈기 때문이다. 세계인구의 5분의 1인, 거대한 민족은 홍익이념을 빗겨 간다해도, 12억 모두 한 정점에 모아진 사고를 느꼈다. 장차 대단한 위력으로 세계를 강타할 것이라는 예감이 들었고 반면에 큰 두려움을 주었다.

중국이 우리에게 다가올 위기의식은 확실한 감지였다. 마음속으로부터 울려나오는 두려운 떨림을 피부로 느끼는 여자의 정확한 육감이기 때문이다. 언젠가는 우리 한민족이 어렵사리 일구어 온 위상이 무너지고, 다시 대국숭배사상으로 역전할 것 같아서—.

우리가 자만에 빠져 베짱이처럼 편하게 즐길 것을 찾고 있는 동안, 어디서나 밤낮 없이 개미처럼 부지런히 움직이는 그들을 보았다. 내가 머물러 있으면 보이지 않는 주변인이 치고 올라오는 위기적인 경쟁을 의식했다. 겉모습만 보고 그들을 비하한, 근시안적인 생각을 했던 자신이 몹시 부끄러웠다.

그 후, 선진국 여러 나라에서는 부러운 그림이 더러 있었으나 중국에서처럼 위기의식의 떨림이 든, 강한 인상을 받지 못했다.

영혼의 교감(交感)

오래 전 옛날사람이 된, 그 오빠가 보고 싶다.

어린 시절 살던 곳은 집성촌으로, 이웃에 친척오빠들이 많이 살았다. 그 중에서 아저씨 같이 큰 고등학생인, 그 오빠를 제일 많이 좋아했다. 어린 데도 민감한 감수성으로, 문학도인 그를 감지했나보다.

더운 여름날, 우리집마루 뒷문을 열고 공부에 몰두하고 있을 때, "저 끝의 큰집 오빠가 네 공부하는 양을 뒤에서 한참 들여다보고 갔다"는 할머니 말씀을 들은 후부터, 그와 나는 서로 공부를 열심히 할거라는 동지적인 생각을 한 듯하다.

동지적인 생각을 한 데는 연유가 있다. 그전에는 눈길을 끌만한 것이 전혀 없는 조그마한 계집아이에 불과한 듯,

스치듯 지나치면서 일별도 주지 않았다. 그러나 공부를 열심히 한 내 모습에서 좋은 인상을 받았는지, 나를 만나면 그냥 지나치지 않고 일상적인 인사를 하면서 머리를 쓰다듬어 주는 걸로 바뀌었다. 그 때마다 난 숨을 멈추며, 생김처럼 성품도 온화하고 누구에게나 자상한 분일 거라 생각했다.

그를 볼 수 있는 시간은 저녁 놀 지는 때이다. 저녁 식사 후, 머리를 식힌 다음 공부하려고 동네 한가운데 길을 천천히 산책하듯 걷곤 했다. 손을 깍지 껴 머리 뒤를 감쌌기에 뒤로 약간 젖힌 얼굴에 비친 석양의 빛으로 부신 눈을 가늘게 떠, 하늘에 물든 멋진 노을을 감상하며 걷는 습관이 있다.

평소 그의 모습을 눈여겨보았는지 동네아주머니가 "깍지 낀 손으로 머리 뒤를 받치면, 어머니가 일찍 돌아가시니 하지 마라"고 그에게 이르는 것을 들었다. 그런데도 간혹 그리하고 걸었다.

동네초입에 있는 오빠네 집은, 넓은 뜰과 별채까지 있는 규모가 큰집이다. 앞마당 구석진 곳에 마구간이 있고, 달구지를 매단 소가 남아 있는 곳은 그 집뿐이다. 나무와 화초가 그득한 뒤뜰은 종종 우리들 놀이터가 됐다. 빨간 꽃잎을 입술 위에 얹으면 엄마가 된다. 돌멩이를 괴어 화덕을 만들고 나뭇가지를 잘게 쪼개 장작을 대신하고 밥솥을 올려놓는다. 빨간 벽돌은 갈아서 물에 녹인 다음, 갖가지 잎사귀를 넣으면 훌륭한 김치가 된다. 뒷간으로 난 좁은 길을 드나들면서 판자 밑에 일렬로 열린 꽈리를 따는 재미도 그만이었다. 탱글탱글 여문 꽈리를 따서, 입구가 다칠새라 가는 나뭇가지로 조심스럽게 씨를 파낸 다음, 누가 더 크게 '꽉꽉'소리를 내나 내기했다. 지금도 그 때 모습 그대로 놀고싶다.

내가 다른 애들과 별다른 재미를 붙인 것은, 뒤채에 있는 오빠 방을 몰래 들어가 보는 거다. 석양빛이 삼각형 음양을 그어놓아 묘한 분위기를 만들어 놓은 그 곳을 들어서는 순간, 나는 꿈 많은 소녀로 변한다. 멋진 인생을 꿈꾸며 한 땀씩 수놓는, 아가씨 마음을 닮는 순간이다.

그의 커다란 책상 앞에 붙여진 멋진 시화에 담긴 프쉬킨의 시 「삶」을 처음 대한 날은, 가슴으로 잔잔한 물결이 일렁거렸다. 노력, 인내, 인생, 삶…의 단어들을 새롭게 인식했고, 그 의미를 마음에 담으면서 인생을 느끼기 시작했다. 가족 중에 학문을 하며 꿈을 심어주는 윗사람이 없는 내게, 그는 뜻 깊은 인생의 길잡이가 되어 준 것이다.

언제나 집에 없어서 어른이 된 그를 만난 적은 없었다. 쓰다 만 원고지와 마주할 뿐이다. 글은 잘 이해할 수 없으나 내용마다 경이로웠다. 제일 기억에 남는 신선한 충격은,

낯이 뜨거운 명작 집의 페이지와 일치된 극본내용이었다.

오빠와 마주함은 그 것이 마지막이었다. 언제나 펼쳐진 그 원고지 위에 머물러 있다. 깍지 낀 손을 머리 뒤로하고 걷는 모습과 신문에 조그맣게 난 오빠의 얼굴도 함께.

꽃다운 나이에 저 세상으로 가셨기에…….

오빠가 너무 일찍 세상을 떠난 것은 큰 아쉬움으로 남는다. 국문학을 전공한 그는, 연극 반에 들어 시나리오나 극본을 쓰고 연극무대에서 연기도하면서 꿈을 키웠다. 30세가 되기 전인 이른 나이에 TV드라마에서 연기를 하거나, 종영자막에 극본 홍○○이거나, 조연출 홍○○을 종종 보았다. 자신의 전공인 문학성을 실현시키기 위한 전천후열정을 감지하면서, 마음 속 깊이 희열로 다가왔고 많은 기대를 가졌었는데…….

글을 마음먹고 잘 쓰고자 하니, 오빠가 생각난다. 넓은 책상 위에 어지러 진, 많은 책과 원고지가 떠오른다. 글을 잘 쓰고 싶은 마음이 간절해질수록 고뇌에 찬 밤을 하얗게 밝혔을 그의 가슴 떨림이 전해 오는 듯하다.

세상일에 묻혀 바삐 돌다가 너무 늦게 시작했으나, 심지에 힘껏 불을 당긴 탓일까. 젊은 시절에 불태웠던 열정이 아직도 남아서일까. 오빠의 모습을 닮았을지도 모를 「로댕의 생각하는 사람」을 흉내내는 자신을 느끼며, 깊은 고뇌에 찬 밤을 하얗게 밝히기도 한다.

스스로 고통의 관(冠)을 찾아 머리에 쓴 것은 '작문을 전혀 하지 못한다는 친구가, 전문가보다 더 예리한 눈으로 글을 읽는다'는 사실을 알고 나서부터다.

오빠를 닮고 싶다. 지성과 감성의 눈빛이 함께 담겨있어, 누구나 좋아했던 그를. 열정으로 원고지에 담아낸 문학성도 모두 닮고 싶다.

오빠가 못 다한 정열의 불꽃을 이어받아 태워볼까. 그의 마음에 드는 내용이 담긴 원고로 영혼을 덮어주며 위로 할 수 있는, 염원의 그날이 올 수 있게.

지식의 평준화

'40대는 지식의 평준화, 50대는 미의 평준화, 60대는 건강의 평준화, 70대는 성의 평준화, 80대는 재산의 평준화, 90대는 생과 사의 평준화'라 한다. 웃자고 만든 풍자적인 이야기지만, 생활철학이 다분히 들어있다. 나이가 들면서 자연스럽게 그에 걸 맞는 평준화가 된단다. 제목을 붙이자면 '각 세대의 평준화'다.

위트가 담긴 내용을 듣다가 제일 크게 공감한 것은 '지식의 평준화'다. 너무 잘 맞는 내용이라, 맞지 않다고 주장하고 싶은 내심의 저항이 인다. 지식의 평준화를 '너무 맞는 이야기, 너무 맞지 않는 이야기'라 하고싶다.

자주 만나는 가까운 친척이 있다. 그 친척은 농업에 종사하다, 아이들 교육을 위해서 도시에 살게됐다. 어려운 살림이지만 부부가 한마음이 되어 근검절약의 모범적인 생활을 했다. 가진 것 없이 고향에서 나와 낯선 곳에 정착하기까지 여러 가지 힘든 고비를 넘겼다. 어려운 중에도 친지들이나 이웃에게 더 없이 잘해, 주위사람들에게 귀감이 되고 있다. 어렵사리 마련한 작은 대지에 집을 짓고 10여 년을 살고 있다. 넓지 않은 옥상에 갖가지 채소를 무공해로 가꿔 이웃에게 나누어준다.

생활철학이 담긴 자신의 원칙을 세우고 변함없이 실행하니, 아이들이 부모의 근검절약과 예절생활의 본보기를 따랐나보다. 속 썩이는 아이 하나 없이 서로 위해 주는 마음이 남다른 그 집 아이들은 모두 건전한 젊은이가 되었다. 화분 하나에 한 포기씩 심은 김장배추에 생긴, 배추애벌레를 조석으로 떼어내는 부모의 모습을 보면서 자랐다. 무공해 채소를 먹고 자란 자녀들은 신토불이 사람을 닮았다.

그들 부부학력은 세울 것이 없고 독서를 하거나 공부하는 것을 본 적이 없다. 실생활의 경험과 매스컴에서 들은 바가 그렇게 좋은 방향으로 가도록 잡아 주었으리라.

형님뻘인 난 교육의 장에서 가르치는 일을 했는데도, 친척간에 해결할 일이 있으면 번번이 그들에게 조언을 구한다. 도시에 사는 형제들 간에 시골에 관한 일은, 모두 그 동생 집이 중심이 되는 것이다. 처음에는 그런 상황이 된 것을 이해하지 못하고 형인데다 공부를 더 했다고 자부하는 내 자존심에 상처가 되었다. 그런 중에 '지식의 평준화'의 이야기를 들으면서, 제일 먼저 그 동생이 생각났고 우리 상황을 이해할 수 있었다. 웃자고 만든 가벼운 이야기가 큰 가름을 하게 도와 준 것이다.

좋은 학벌과 직업은 높은 위상이나 윤택한 생활을 부여하기도하지만, 혜택을 받은 자녀들은 세상의 어려움을 모르고 자라, 어긋나는 생활인이 되는 경우를 본다. 자신이 애 쓰고 공부한 것과는 상관없이, 생활 부적응 인사(人士)가 되는 경우는 어떠한가. 실생활에서 지식은 행복에 얼마나 기여할까. 노력과 시간을 들여서 열심히 공부한 결과가 만족한 삶과 결부된다고 말하기에는 자신이 안 선다.

공부하느라 짧지 않은 20년 동안, 애쓴 세월과 뒷받침해준 보상은 어디서 받아야하는가. 미지의 미래를 위해 최선을 다했다. 보장된, 윤택한 삶을 만들기 위한 힘든 과정이었다. 내가 한 만큼의 삶을 안고 만족과 불만족 중에서 한 가지를 갖게된다. 그 후에도 더 좋은 쪽으로 기울이게 하려고 무던히 애썼다.

아는 것이 힘인 시대는 학력이 많은 이의 자리가 컸고 대우도 받았다. 메스미디어 부족으로 특별한 이들만 학문에 정진하며 많은 것을 배우고 경험했다. 그들은 빠르고 바른 판단을 갖춘 앞서가는 사고로, 평범한 이들과는 확실한 차별화를 이뤘다.

이제 단편적인 지식을 요구하는 시대는 갔다. 다양한 사고로 매사에 대한 적응력을 요구하는 시대가 온 것이다. 동시대에 모두 같은 생각인 'IQ에서 EQ의 시대가 왔다'고 합치점을 찾았다.

메스미디어가 보급되면서 모든 것이 수준 있는 생활환경으로 변했다. 배움의 터 밖의 대부분의 다른 이들은, 점차 특별한 사람들과 좁혀 가는 계기가 되면서 상식과 교양을 좁혀가고 있다. 원 스톱으로 넓고 깊게 확대되어 개화되어 가고 있다. 겸비한 학력과 지식이 현실과 절충되지 않은 괴리를 없애기 위해서 최선을 다할 일만 남았다.

심리학자 매슬로우는 심도를 더해 가는 인간의 욕구를 다섯 단계로 보았다. 생리적, 안전, 소속, 존경에 이어, 가장 고차원인 5단계는 자아실현의 욕구로, 자신의 능력을 최고로 발휘하는 거라 했다. 욕구의 높은 단계를 실현시키기 위해서, 경쟁에 버금가는 투지를 마음속으로 끌어들여야 한다. 투자한 것이 많을수록 자신에게 맞는 특별한 것을 모색해야 한다.

위로가 되는 것은, 각계의 특별한 이들이 최고가 되기 위한 보이지 않는 다툼을 벌이고, 들리지 않는 아우성을 치고 있을 때다. 덜 수고한 상대의 의미를 더 작게 두고, 보상을 받기 위해 애쓰고 있는 듯 해서다.

모든 정성을 기울여 일군 바탕으로 무언가를 이루어야한다. 애 쓴 결실의 보람을 찾기 위해, '지식의 평준화'를 그대로 받아들일 수 없다. 난 오늘도 내게 버금가는 것을 찾느라 끙끙대고 있다.

마음 안에 가슴 안에

가까운 이의 첫사랑·이별·사별은 내 가슴에 상흔으로 남아 지워지지 않고 있습니다.

가을 코스모스를 보면 슬프지만 아름다운 첫사랑을 간직한 여인이 생각납니다.

그 여인의 첫사랑 사연은 내 생애에서 가장 순수한 생활을 한 아가씨 때의 일입니다. 어려운 농촌에 있던 비정규 중학교에서 만난 동갑내기 여선생의 이야기를 듣곤 마음이 너무 아팠습니다.

코스모스가 핀 길가를 걸으며 들려준 이야기입니다. 그 첫사랑은 가슴이 풍선처럼 부풀어올라 공연히 입을 히죽거리게 된다고 합니다. 그렇게 꿈결처럼 왔다갔다고 합니다.

코스모스만 보면 이국 땅에서 결혼한 첫사랑 그이의 아이가 방실방실 웃는 듯하다는 가슴 아픈 사랑이야기입니다. 여인의 첫사랑 이야기를 듣고 나서는 첫사랑을 경험하지 못한 내게도 비애의 아픔이 그대로 가슴으로 전해졌습니다.

그때부터 코스모스를 만나면 예전의 코스모스가 아니게 되었습니다. 코스모스 안에는 여인의 애인을 꼭 닮은 아들이 함께 들어있기 때문이지요.

깊은 가을 코스모스가 줄지어 핀 강화도를 향해 달리는 포도에서의 일입니다. 코스모스의 잔치로 예의 그 여인의 비애를 생각하고 있을 때였습니다.

저 멀리 코스모스 울타리 넘어 바람에 황금 물결로 이는 익은 벼를 가르고 뛰어오는 사내아이를 보았지요. 그를 똑 닮았을 것 같은 아이를 너울거리는 코스모스 잔치에서 만난 것이지요. 순간적으로 난 '끼익' 브레이크를 밟았고 예쁘게 깎은 상고머리가 바람에 나풀대는 아이를 한참이나 보았답니다.

빵빵거리는 뒤차를 보내느라 그늘을 찾아 정차하고 그녀를 생각하며 그 아이를 한참이나 보았습니다. 그녀를 만날 수 있다면 그 풍경을 그대로 선사하고 싶었습니다.

물결치는 황금파도를 향해 싱그러운 미소를 띄움은 참사랑을 가르쳐준 여인에게 향한 고마움이었지요. 코스모스에게 싱긋 일별을 주고 머—언 여인을 그립니다. 첫사랑의 사연은 고이 접은 채 가슴에 묻어두다, 코스모스를 만나면

남 몰래 펴 볼, 애잔한 여인의 행복을 빕니다.

님과 이별해서 아이와 함께 사는 모습이 고운 여인이 생각납니다.

고운 여인에게 내 작은 위로의 말이 이별의 아픈 마음을 조금이라도 어루만져줄 수 있다면 더 없는 기쁨이겠습니다.

당신의 마음을 빼앗은 사랑하는 이가 당신 곁을 아주 떠났습니까. 사랑하는 이가 당신을 마다하고 떠났군요. 잠시도 곁에 없으면 보고 싶어서 안절부절 못 했던 사랑하는 이가 떠났군요.

얼추 세월이 흐르게 놓아두면 마음도 제자리를 찾아간다고 합니다. 곁에 있던 님이 영영 떠나가도 세월에게 맡기면 또 제자리를 찾아가니, 한 사람의 인생 안에도 역사의 반복만큼이나 윤회의 채 바퀴가 도나봅니다.

너무 서글퍼하지 마세요. 다시는 돌아오지 않을 사람에게 매달려 세월을 보낸다면 나도 함께 잃는 것이니까요. 어느 누구도 자신처럼 귀할 순 없지 않겠어요?

사랑하는 그이가 내 곁을 떠난 것을 알고는 너무 서러워 잘 먹지도, 자지도, 씻지도 않으면서 소리 없는 눈물을 삼키며 보냈던 넋 나간 나날이 생각납니까.

푸시시 털고 일어나 비틀거리며 신을 꿰어 신고 길에 나가 하염없이 거닐어 봅니다. 내 안의 모든 혼이 메말라 하얗게 바란 듯한데, 이웃의 모든 것이 그대로 있는 것을 이상하다 했지요.

영혼과 육체가 따로 인 것을 절실하게 느끼는군요. 탈피를 하는 과정이 너무 아프군요. 울고 웃으면서 몸과 마음을 다 아파하니 살아지지요.

당신도 모르는 새, 지난여름 부쩍 커버린 장미나무가 당신 키를 넘겼군요. 오그라들어 메마른 마음으로 작아졌다고 생각하는 중에도 당신이 더 커버린 걸 눈치채지 못하는군요. 당신은 전보다 더 성숙한 누이의 모습으로 다가와 주위를 눈부시게 한답니다.

간혹 죽음을 앞 둔 이의 허공에 떠도는 동공이 주위의 공기마저 공허하게 함을 만나시죠. 그와 정반대인, 당신의 지금의 서늘하도록 촉촉한 눈은 보는 이의 가슴을 적십니다.

다시는 만날 수 없는 이와의 영원한 결별은 사별과 많이 다르지 않다고 생각하게도 되지요. 그러나 사랑하는 이와 함께 공기를 공유하며 숨쉬고 있는 것이 위로가 된다는 당신의 애잔한 미소를 사랑합니다.

선배와 님과의 사별은 가슴을 무너지게 했습니다.

미운 정 고운 정이 다 든, 님이 어쩔 수 없이 당신 곁을 떠나 먼 나라로 가셨습니까.

이미 저 세상으로 가신 이를 기리느라 아직도 눈에 물기를 머금고 계시는군요. 세월이 흐르면서 눈이 지물거리다 이제는 메말라버려 빽빽하고 아프군요.

이별의 세월보다 더 많은 세월을 보내다보면 자신 또한 제자리를 찾아간다지요. 전과 달라진 것이 있기는 하다고요.

당신과 살면서 얼굴을 마주보면 많이도 싸우다가 누군가 한 쪽에서 백기를 들면 다른 쪽에서 목소리가 커지고 말에 힘이 들어가면서 상대를 제압하며 산 인생이 반도 넘었군요. 누가 더 목소리가 큰가, 더 크게 뜬눈을 더 번득이며 입에 거품을 물다 급기야는 그 입이 순간적인 원흔으로 보여 손으로 할퀴거나 날카로운 도구로 상처를 낸 이웃도 더러 보았답니다. 그렇게 괴롭힌 적이 있었다고요. 공연히 불쌍한 사람을 괴롭혔었다고, 또 울먹이고 계시는군요.

세월이 흐르니 마음에 품었던 님이 조금씩 멀어지고 있다고 안타까워 하시는군요. 님은 당신 가슴에, 그 때 그 모습 그대로 변함없이 침잠하고 있지요. 님이 멀어졌다고 느끼는 것은 그리 생각되어지는 연유 때문이지요.

당해보지 않은 제가 감히 어찌 그 마음을 헤아릴 수 있겠습니까. 그러나 청원하는 저를 나무라진 않으시겠죠.

너무 슬퍼하며 사는 세월로 당신의 여생을 보내진 마세요. 가슴에 님을 품고 님의 못 다한 세월도 함께 하는, 알찬 삶을 일구시면 님도 더 기뻐하실 거라고 감히 말씀드립니다.

우리 인생을 짚어보면 찰나이기에 무상함이니, 좋은 생각을 하면서 고운 여생을 보내시길 염원합니다.

가난하게 사는 이유

아홉 가구가 사는 다가구주택에서 살 때의 일은, 기억하고 싶은 일보다 그렇지 않은 일이 더 많다.

독채 크기부터 방 하나까지, 규모가 다양한 만큼 들고나는 세입자 구성원도 갖가지다. 문제는, 단칸방으로 전전하며 고생을 많이 했던 주인의 입장으로, 없는 사람 편에 서서 잘해 주던 것만큼이나 마음 고생을 시키는 거였다. 잘해 주느라 다른 집보다 세를 싸게 들이고 기한과 상관없이 사는 동안은 될수록 올려 받지 않았다. 특히 어려운 사람들의 자존심을 다칠까하는 염려로, 조심스럽게 더 배려하는데도 더 어렵게 하는 경우가 많았다. 잘해줄수록 약자를 얕보듯이 특권 있는 강자처럼 행동했다.

몇 년을 같이 살면서 그들의 각박한 마음은 가진 것이

적어서 그런 줄 알았는데 그 것이 아니었다.

그들이 갖는 몇 가지 특성 때문에 잘 살지 못한다는 것을 알았다. 그 생각이 들 때는, 스스로 터득한 것이 위대한 발견인양 경이로움마저 들었다.

잘 살고 싶은 것은 누구나 간절히 바라는 희망사항이다. 문제는 잘 살 수 있는 방향을 스스로가 틀어지게 한다는 것이다. 가난해 질 수밖에 없는 그 상황을 인식한다면 얼마나 좋겠는가. 자신의 생각과 행동이 자신을 더 가난하게 만드는 것을 안다면, 누구든지 재빨리 방향을 바로 잡을 테니까. 처음엔 아주 작은 방향의 각도가 전진할수록 크게 벌어진다. 부익부 빈익빈의 두 갈림길은 더더욱 크게 벌어질 수밖에 없다.

가난한 이들의 특성이란, 하고자 하는 일의 규모나 지위와 상관없이 비슷하다. 스스로를 사회에 접목시킬 때, 나르시시즘사고로 접근해 이득보다 손실을 불러들여 가난을 초래한다.

기술이 있는 사람은 자신의 기술 분야에선 내가 최고야 하는 주술만 걸어놓은 채 기술만 믿고 나태하기 일수이다.

장(長) 소리를 듣기를 원하는 이는, 그 지위에 족쇄를 채워 바닥이 드러날 때까지 간다.

돈 무서운 줄 모르고 돈을 경시하는 사람은 항상 돈 말라 한다.

문제가 더 심각해지는 것은 부부가 함께 잘못 가고 있는 것으로, 그렇게 손발이 잘 맞아떨어질 수 없다는 것이다. 선장이 방향을 정하면, 무조건 더 빨리 가도록 부채질하는 것이다. 궁합이 그렇게 잘 맞을 수가 없다. 가난해도 갈라서지 않는 것은 다행한 일이나, 어렵지 않게 살면 금상첨화가 아니겠는가.

가난한 이들의 특성 중에 제일 큰 단점은, 상대에 대한 배려는 지극히 적고 자신이 처해진 상황만이 매우 크고 중요하다. 그들은 어려운 처지를 당하게 되면 위신이나 자존심은 그대로 간직한 채, 남을 탓하면서 남에게 피해를 주는 방향을 모색한다. 그렇게 사는 동안 자신의 부를 담을 그릇을 깨거나 될수록 작게 만들려고 애쓰고 있는 것을 모른다. 우물 안 개구리처럼 자신이 처한 상황만이 전부인 것이다.

이웃의 예

초등학교 다니는 두 아들을 둔, 그들 네 식구 모두 생김은 고우나 부부의 행동이 곱지 않은 것이 문제였다.

마당 쪽으로 난 지하 단칸방에 세든 그들이 이사 온 이틀날, 전자대리점에서 가스 렌지, 냉장고, TV, 오디오를 한 차 싣고 와서 비좁은 부엌에 잘 들어가지 않자, 찬장과 선반을 옮겨 달고 자리해서 앉히느라 한참을 법석거렸다. 좁은 한간 방에 비싼 물건들을 한꺼번에 들여놓는 것이 맘에 들지 않았는데, 더군다나 매달 오는 수금원을 애먹이는 것을 보고는 월부로 들여놓은 사실에 기가 막혔다.

건축분야에 기술이 있는 그 집 가장은 뜨거운 중동에서 고생을 하고 돌아 온지 얼마 안 된다. 약간의 목돈을 마련한 그는 전세방을 얻어서 처가 집에 있는 처자를 데려온 것이다.

그렇게 귀하게 번 돈으로 낮은 금액의 셋방을 얻고는 과한 지출의 몫으로 월부라니, 그 동안 저축보다 낭비하는 생활 타입이었으리라. 생활이 점점 어려워지면서 아무렇지도 않게 다른 집 연탄을 갖다 땠다.

토요일 오후, 그 집 가장이 거나하게 취한 채 찾아와, 내일 이사 갈 것이니 지금 당장 돈을 빼달라는 것이다. 아니면 칼침 맞을 줄 알라며 나가더니, 부엌 식칼을 들고 나와 마당에서 고래고래 고성을 지르며 협박을 했다. 은행 문을 닫은 시간이니, 불가능할 거하고 생각한 그는 더욱 기세가 등등했다. 동네 분들의 도움으로 돈을 추렴해서 해 줬으나, 돈이 된 것이 참 이상하다는 표정을 지으며 당장 이사 갈 것처럼 짐을 마당에 부리곤 며칠을 불편케 하곤 떠났다.

그는 이사 갈 곳의 준비 없이, 아무 곳이나 다시 월세로 옮겨 앉으면 되니, 당장 전세로 든 돈이 감질났던 거다.

좋은 기술을 썩히며 노는 날이 더 많던 그는, 나 중동에 가서 돈 벌어왔던 사람이야 하며, 자랑하는 것을 낙으로 삼아왔다. 수도가 있는 앞마당을 점거하며 온 집안을 떠들썩하게 하며 살았던, 술을 자주 마시던 그의 아내의 말이 귀에 맴돈다. 남편이 다시 중동에 갈 거라고, 매일 노래를 부르듯 하던 말이—.

친척의 예

열심히 일하는 사람일 수록, 근검 절약하면서 차근차근 쌓아간다. 고생 끝에 어느 정도 자리를 잡아, 살만해진 사람들은 대부분 그 성품이 모질지 않고 법 없이도 사는 사람들이다.

그들 주변에 있는 가까운 친척으로 난처해진 경우를 본다. 그런 친척은 만나기만 하면 손을 벌리려는 궁리만 하고, 어렵사리 꾸거나 얻은 돈은 귀한 줄 모르고 쉽게 써버리고, 또 손을 벌리는 것을 되풀이하는 악순환을 벌인다. 밑 빠진 독에 물 붇기다.

친척들이 추렴해서 월세를 전세로 만들어 주면 다시 월세로 나앉는다. 장사 밑천을 대주면 잘해서 규모를 키워 나가지 못하고 돈이 손에 들어오는 대로 써버리니 얼마 못 가서 문을 닫는다.

도움을 준 손들의 대부분은 먹고 싶은 것, 입고 싶은 것, 쓰고 싶은 것을 줄이며 저축한 사람들이다. 계속 보태 줄 수 없는 노릇이라, 손을 끊으면 동기도 모르는 나쁜 사람으로 몰면서 의를 상하게 한다. 그 간 도와 준 것은 자취도 없어지고, 원대로 안 해주는 것만 들추면서 적반하장이 된다. 그들이 서럽다고 울먹이며 말꼬리에 붙이는 말은, 가진 것이 없어서 모두 무시한단다.

글쎄, 거지의 근성은 무얼까. 수고 없이 거저 얻은 것으로 놀고먹으려는 것이 아닐까. 그들에게 거지근성을 닮았다하면 기절초풍할 것이다.

친구의 예

그 친구는 누구보다 고고한 자태로 귀부인의 품성을 갖춘 여인으로 직장생활을 하면서 열심히 살았다.

그러나 그녀의 남편은 현실과 맞지 않은 허황한 사업구상으로 번번이 실패의 쓴 고배를 마시고, 그 몫은 고스란히 그녀의 것이 됐다. 반복되는 실패로 항상 빚에 쪼들려 헐떡이며 사는 형세다.

상의할 일이 있다해서 만나면, 남편의 사업구상을 장황하게 늘어놓고, 많은 이익이 눈앞에 있어 당장 부자가 될 것 같은 행복한 모습을 보인다.

실패를 여러 번 겪었는데도, 지치지 않고 남편의 그럴싸한 계획에 희망을 갖는 것은, 남편에 대한 애정도 있겠으나 일확천금을 꿈꾸는 경우가 더 많다.

"얘, 너도 얼마간 투자해 동업의 명목으로 이익을 분배하자"고 말하는 그녀의 표정은 '그 걸작의 작품구상을 잘 알아듣게 다 전달하지 못하는 것이 안타깝다'이다.

빈번한 그런 권장에 수긍이 안 가기에, 속내를 내보이지 않으면서 좋게 거절하는 것도 구차해지니, 결국 그 친구와 같이 하는 자리를 피하고 싶어진다.

먼길로 항해를 하게되면 선장과 선원의 뜻이 일치되면서 순항과 난항 중 하나가 정해진다.

가난을 같이 부르는 부부는 참으로 천생연분이다. 신기하게도 부창부수다. 선장이 가자는 대로 따른다. 비록, 침몰이 예상된다해도.

가장이 현실과 동떨어진 방향으로 향할 때, 반대로 끌어주는 가족이 있으면, 보통의 자리라도 지킬 수 있을 텐데—.

지나친(?) 절약

'절약은 아무리 해도 지나치지 않다'는 말은 타당할까.

물조심, 불조심, 차조심을 하는 것은, 물질이나 시간낭비를 하지 않는 것은, 질서나 건강을 지키는 것은 아무리 강조해도 지나치지 않다.

근검절약이 지나쳐서 내핍으로만 일관하는 생활은, 가진 것에 비해 빈곤하게 사는 모습은 옳은가. 초라해 보일 정도의 절약은 지나친 것이 아닐까. 오로지 어떻게 하면 덜 쓰는가에 매달려 사는 것은 옳을까.

내 처녀시절까지는 가난해서 검소한 생활을 했다. 그럼에도 결혼 후 시댁의 지나친 절약생활에 적응하느라 애쓴 일이 있었다. 집안어디서나 전등불을 켰다, 껐다하며 다니고, 수돗물은 맑은 물에서 허드렛물이 될 때까지 몇 단계

거쳐서 쓰고, 연료절감으로 두꺼운 옷을 입고도 벌벌 떨며 지내야 하고……. 지나친 내핍생활로 힘들고 불편한 생활을 했다.

미국으로 이민 간 동포들은 긴 세월동안 끈기 있게 노력해서 자리를 잡았다. 기업인으로 성공했거나 우수한 인재들의 빛나는 활동으로, 우리나라의 국민성을 높이 평가받는다는 말을 들으면 흐뭇하다.

미국이민사 중반기쯤일까. 재미교포수가 많아지고, 자리를 잡아가는 과정 중의 일이다. 동포의 지나친 내핍생활로 '미국의 유태인'이라며, 괄시를 받았다는 말을 들을 때는 가슴이 아렸다. 우리가 화교를 비하했던 것을 미국인에게 대입시키며 재미동포에게 향하는 마음이 아팠다. 이율배반적이긴 하지만.

개화이후 우리나라에 살고있던 화교들을 '짱꼴라'하며 비하하는 것이, 사회적으로 만연된 인식이었다. '짱꼴라'는, 그 어휘 안에 10원을 벌면 1원만 쓰고 9원은 다시 나오는 법이 없고, 물까지 아끼느라 잘 씻지도, 옷을 잘 빨아입지도 않는 지독하고 지저분한 뉘앙스가 다분히 내포되어 있다. 한참 후, 화교들은 탄압과 타국의 이질감을 더 이상 견디지 못하고 돌아갔다.

근래, 중국이 빠르게 발전하고 있어서일까. 화교가 많이 사는 연희동 일대를 '리틀 차이나타운'으로 조성하고 간판도 한자와 병행한다는 소식을 들었다. 한국만이 차이나타운이 없는 나라라는 말은 안 듣겠다. 인간사 새옹지마다.

타국생활에서의 위기의식은 근검절약을 갖게 한다. 내 것에 너무 집착하고 한인끼리 뭉쳐서 사는 생활모습이, 자국민들에겐 거부감을 주었다. 돈은 돌게 해야 나라의 경제가 살아난다며, 동포들의 역행하는 모습이 그들의 눈에 거슬렸다.

자국에서의 생활을 절약에만 치중하는, 의식주가 불편할 정도로 일관하는 내핍생활은 타당한 것인가. 끊임없는 외세침략에 대처하고 견디어오며 자리잡은 근검절약이 몸에 배었으나, 이제 세상이 바뀌지 않았는가. 좀은 여유 있게, 낭만까지 곁들인다면 더 좋을 텐데. 좋은 음악을 듣고 그림이나 영화를 감상하는 문화시대에, 보기에도 딱할 정도로 물질에 매달려 사는 모습은, 처지에 맞지 않은 사치한 사람과 마찬가지로 좋게만 보이지 않는다.

사람은 살면서 원하지 않아도 물질에 싸여 사는 불가피한 상황에 놓인다. 우연찮게 비슷한 시기에 들은 이야기가 생각난다.

헌집을 사서 수리를 하고 들어가기 전에 마당에 이삿짐을 풀어놓고 방수 천으로 덮어놓고 지하에서 지냈다고 한다. "이사를 하고 정신없이 짐을 쌓아놓아 당장 필요한 것을 꺼내긴 하는데, 생각보다 살아가는 데 많은 물건이 필요치 않더라. 세수도구와 기본 옷가지와 등산장비만 꺼내고 한 달을 지내면서, 소꿉장난하는 것 같아 재미가 났다."

또, 한 이웃은 집 전체 바닥의 깐 난방레일을 개수할 때 골방에서 가족모두가 지낸 이야기다. "좁은 방에서 다 큰 아이들 셋과 침식을 같이 하면서 아이들과 훨씬 가까워졌고, 옛날 자랄 때 생각이 나서 감회가 새로워서 좋았다."

두분 다 공통적인 말은 살면서 필요 없는 많은 물건을 갖춰놓고 그것들을 기본적인 생활도구라고 여기며, 없으면 안 된다는 생각으로 산 것이 아닌가. 실제로 우리가 살아가는 데는 그리 많은 물건이 필요 없더라고 했다.

원시생활에서 현대생활까지의 변천사를 보면, 더욱 인간답게 살고자하는 단계를 밟아왔다. 깨이는 두뇌를 함유하는 생활의 장을 역행할 수 없다. 체득되어진 문명의 생활을 현대인답게 받아들여야 한다. 자신의 최소한의 욕구를 누르며 사는 것은 불편하고 솔직하지 못한 삶이 된다. 기성세대가 신세대에게 자신의 생활방식을 강요하는 것은 무리가 있다.

특정 인물을 회상할 때, 떠오르는 모습이 그의 특성이라 한다. 내핍하는 사람들은 웃는 모습보다 아랫사람에게 언성높이는 모습이 떠오른다. 자녀를 꾸중하는 것도 물질을 아끼지 않는다는 내용이 많다. 절약은 해야한다지만 가진 것에 비해 지나치다. 물질에 매달리는 여유 없는 모습이, 건조한 사람으로 보이니 안타깝다.

물질은 살아가는 필요조건이지 충분조건일 수 없다. 넉넉하든 모자라든 매달려 신경을 쓰는 시간이 많은 이는 물질에 종속된 삶을 사는 것이다. 사람은 감성을 가진 유일무이한 존재이니, 낭만이 넘치는 멋진 인생을 이루며 살아가면 더 좋겠다는 생각이 든다.

살면서 물질과 낭만 사이에서 갈등을 겪을 때가 많으리라. 그 때는 두 가지가 새겨진 동전을 떨어뜨려 표면이 정해진 걸로 하기로 하고, 낭만이 나올 때까지 던져놓고 매일을 풀어나가리라.

주부 입문

갓 시집온 난 옛 새색시처럼 고개를 숙이고 아래만 보고 앉아있을 새가 없다. 코 앞에 닥친 씨름 할 일이 한 두 가지가 아니기 때문이다.

영원히 피할 수 없는 씨름상대는 집안살림이다.

제일로 치는 것은 식단을 잘 짜는 거다. 어려운 가정에서 자랐을 때, 할머니께서 먹는 것이 보약이니 찬을 골고루 꼭꼭 씹어 먹으라고 귀에 못이 박히도록 이르셨다. 혼전에 집안 일을 한 적이 없어 여러 일에 서툴지만, 내 생각도 할머니와 같기에.

영양소를 일일이 견줄 틈이 없어, 대충 다섯 가지 기초식품군에 의한다. 음식종류를 골고루 배분해야 영양가도 고루 들어있다는 생각에서다. 매일의 식단을 어림 잡을 때에 무시할 수 없는 것은, 고기와 생선1이 들어있는 제일 비싼 2군으로, 그 비중에 마음을 썼다.

두 번째 씨름은 시장에서다. 남편의 박봉으로 예산을 세운 후에 알뜰한 갈래를 추렴해서 시장바구니를 들고나선다. 시장으로 나서는 심정은 미지로 배낭여행을 떠나는, 기대가 든 우려와 같은 기분이리라.

알뜰한 아낙상인은 추위에 떠는 채소들이 얼지 않게 비닐장막을 쳐준다. 추운 밤을 떨며 지샌 파란오이는 겉은 청청한데 속은 얼었다. 눈썰미가 부족한 새댁인 난 겉만 보고 사고, 사람 좋아 보이는 주인아낙은 한 개를 덤으로 준다. 밥상머리에서의 새댁은 언 오이의 어석거리는 맛과 금방 풀 죽은 모습에서 아낙상인을 떠올렸다.

좁은 닭장 안에서 단두대에 올라갈 차례를 기다리는 것에 지쳐서 이미 자포자기했는지, 눈을 게슴츠레 뜨고 졸고 있는 모습을 곁눈으로 보면서 적당한 크기와 지방질이 적은 닭을 선택한다. 닭의 죽음과 붉은 선혈로 인간의 동물적인 속성에 진저리 쳐졌다. 이미 공범이 된 수줍은 새댁은 살림꾼으로 변하는 시작을 그렇게 치른다.

푸줏간 주인은 새댁을 번번이 실망시킨다. 오물조물 저며서 준, 조그만 덩이의 쇠고기에는 항상 기름덩이나, 색이 변하기 시작한 것이 뭉쳐서 들어가 있다. 나를 숙맥으로 읽은 주인의 포커스를 따돌리지 못하고, 어리석게도 계속 그 푸줏간을 가면서 불만을 쌓아갔다.

세 번째는 사람과의 씨름이다. 이웃사촌에게 배우는 동네공부다.

약국을 들렀다. 약사부인의 위세가 남편 이상이다. "아이고, 새댁이네. 우리 약국에서 서비스를 위해 특별한 것을 마련했어요. 디스토마가 있는지 검사하는 것인데, 팔에 주사해서 알아보는 간단한 것이니 한 번 해봐요. 비싼 건데 단골한테만 그냥 해주는 거니, 할거죠"하면서 이미 손을 잡아끌었다. 멀리 떨어져 있어 서로 귀하던 약국이 자꾸 가까워지고 있어서인지, 그녀는 통장 일까지 하면서 약국의 위상을 높이는데 열성이다.

조카의 전입 일로 도장을 찍으러 반장 집에 갔는데, 마침 통장인 그녀도 와 있었다. 둘은 한창 동네하수도를 묻는 공사비와 각 집에서 지불 할 돈을 계산중이다.

며칠 후, 시장을 다녀오다 여러 사람들에게 둘러싸인, 그들 둘의 실랑이를 들었다. 공사가 끝났는데도, 통장이 모은 공사비를 지불하고 명세서를 작성하지 않았다는 것이다.

"우리 집 약사 님이 하신 일이니, 다 맞겠죠. 난 계산이 어두워서 우리 집 양반한테 일임한 걸요. 그 양반이 바쁜 와중에 하시느라 얼마나 수고가 많았는데. 게다가 명세서까지 뽑아달라 하면, 그 양반한테 죄스럽지요."

약사 남편이 한 일인데 당연히 믿어야지, 왜 그리 따지냐는 투다. '잘 못된 것인데도 스스로를 추키면서 당연한 것 같이 당당하게 말하니, 그럴 듯하게 들리는구나'하면서 그녀를 흘낏 쳐다보고 바로 자리를 떴다. 그녀의 그른 하수(下手)의 잔꾀가 그리 좋아 보이지 않아서다.

그 후, 매사 서툴렀던 새댁은 아이들을 낳아 기르며 여러 가지 겪은 크고 작은 일로, 집안의 방패막이로 무장한 주부모습을 갖춰갔다.

살면서 여러 굴절이 있었기에, 세상을 바라보는 시각을 양팔저울에 올려놓고 달아보면, 확신이 아닌 불신 쪽이 내려 갈 것이다.

비상구

홍천에 있는 부대에 배치 받은 아들에게 첫 면회를 갔다. 군대에 간 아들에게 다정하게 대하지 못하고 짐짓 무심한 어미이기에 미안한 마음이 크다.

'모습이 어떻게 변했을까.' 서성이며 휴게실에서 기다리는데 분대장이 들어 왔다. 노심초사하는 어미의 심정으로 "부족한 아들이 군에 도움이 될는지 걱정입니다"라고 하니, "염려하지 마십시오. 그 이병 같으면 준수한 편입니다. 요즈음 부모들은 아들을 너무 과잉보호해서 살찐 몸으로 둔하거나 의욕이 부족합니다. 그런 병사들은 매사 수동적이어서 애를 많이 먹습니다"라고 했다. 분대장의 말대로 의젓하고 평온한 모습의 아들을 보면서, 애 닳는 어미의 마음에 적잖이 위로가 된다. 아들의 무심한 성격이, 군대

생활적응에는 오히려 도움이 되는 듯 싶어 한편으로 안심이 된다.

아들을 생각하면 왠지 콧마루가 찡해진다. 어릴 적, 홀로서기전에 미리 잡아주지 못한 죄책감이 크다. 아들은 자랄 적에, 매사 적극적인 여동생에게 가려졌다. 항상 비교 당하는 입장으로 자신감을 가질 기회조차 못 갖고, 학교에서도 치이는 생활을 한 듯하다. 나는 나대로, 믿고 따르는 제자들을 챙기느라 아들을 방관하고 잘 이끌지 못했다.

황혼을 바라보고 있는 현실에서 남는 것은 아들뿐이라는 집착이, 아들에게 강박관념을 주고 있지 않은가 반성해 본다. '곤두 선 신경을 누그러뜨리고, 내 할 일에 정진해야 한다. 신경의 방향을 바꿔야 한다'면서, 북돋아 줘도 시원찮은데 번번이 반대로 하고 있다. 다 늦게, 자녀에게 심하게 한다고 염려했던 친구를 닮아있다. 아들 뒷모습만 보면, 지금 어떤 상태인지 가늠이 선다. 힘이 들어가 보이면 위안이 되고, 어깨가 처져 보이면 염려의 눈길로 자주 보게 된다.

내 아들뿐 아니라 적지 않은 젊은이들이 비상구로의 탈출을 생각한다. 미래를 가늠하기 어려워 막막하기만 한 나이에, 푸른빛으로 은밀하게 불을 밝힌 비상구란 생각만으로도 얼마나 매력적인가. 그러나 비상구는 요행을 바라는 문일 뿐이다. 영원히 조연이나 엑스트라의 문일 수밖에 없다. 아들아, 너만이라도 비상구로 들어가지 마라. 비상구는 영원히 정문이 될 수 없잖니.

생각의 방향을 잘 잡고 노력하면 사회의 일원으로 손색이 없을 터이니, 현실을 직시하고 자신 있게 최선을 다하기 바란다. 꿈을 갖고 앞으로 전진하기 위한 노력을 다할 때 못 이룰 것은 없다. 머무르지 말고, 항상 움직여 전진하는 아들이 되기를 바란다.

'인간의 잠재적인 능력은 얼마나 될까'에 대해 생각해 본 적이 있다. 통계에 의하면 역대천재의 두뇌는 보통사람들보다 무겁다. 두뇌는 쓰면 쓸수록 시냅스의 연결고리가 생겨 주름이 형성되어 질량이 더 나간다. 두뇌를 많이 쓸수록 시냅스가 많아져 지능도 높아진다. 대표적 천재인 아인슈타인은 두뇌 활용 율이 12%, 수재는 10%, 보통사람은 8%라고 한다. 그렇게 본다면 누구에게나 승부수의 여백은 90% 이상이다.

신기록은 깨지기 위해 존재한다. 먼 훗날, 12% 이상의 존재상황시대는 언제일까. 우연찮게 형성된 수— '12' 아인슈타인은 "상대성 원리를 이해하는 사람은, 전 시대를 통해서 12명을 넘지 못한다"고 했다. 숫자 12를 깰, 예수그리스도의 12제자 다음 숫자 13인 불운의 수, 떡 버티고 있는 마의 숫자 13을 넘을 주인공은 어떤 모습을 보여줄까.

인간은 태어나기 전 이미 지능의 70%가 결정되어 세상 밖으로 나온다. 인성을 변화시키고자 애쓰는 교육현장에 선 사람들은 나머지 30%에 승부수를 거는 것이다.

'천재는 10%의 두뇌와 90%의 노력으로 만들어진다.' 인간에게 잠재하고 있는 미개발지의 90%의 영역을 누가 더 많이 활용하느냐에 따라 천재와 보통 사람이 나뉜다. 차이는 종이 한 장의 두께만큼이나 미세하지만 결과는 가눌 수 없는 거리가 된다.

70×0.1=7의 선천적인 두뇌와 30×0.9=27의 후천적인 노력으로 인간의 능력이 형성되니, 우리들이 할 수 있는 능력의 폭은 27÷7로 거의 4배이다. 최선을 다 해 앞을 향해 갈 때, 효력은 극대화된다.

스스로 부족하다고 생각하는 것은 게으름이거나 기우이다. 누구나 자신의 능력을 자신이 생각하는 것보다 4배를 끌어올릴 수 있는데, 손놓고 '열중 · 쉬어'하고 있어야겠는가.

아들은, 하루가 아쉬운 날들에 시간을 쪼개 분산시키는 것 같아 안타까운 심정이 된다. 전공을 하루아침에 버리고 좋아하는 영화전문가가 되겠다고 했을 때, 현실과 이상 사이의 괴리감 때문에 많이 부딪쳤다. 그러나 자식 이기는 부모 없다고 아들이 행복하다면 되었다고 생각하면서도 노파심에서 주문사항이 많아진다. 전문가가 되려면 자신이 좋아하는 것에 집중해서 몰두해야한다. 열망만이 아니고 실제상황에 맞는 최적의 준비와 능력이 갖추어져야 한다. 준비된 사람만이 하고 싶은 일을 제대로 할 수 있고 합당한 자리를 차지한다.

마음으로만 열망한다면 구호에 그칠 수밖에 없고, 세상은 그렇게 호락호락 하지 않다. 자기가 좋아하는 일을 하면서 최상의 상태가 되게 노력하는 과정이 삶에 있어 최고의 선(善) 일 것이다.

할 일이 얼마나 많은가. 자기가 알고 싶은 것, 하고 싶은 것에만 관심을 갖지 말고, 비상의 나래를 펴서 하늘을 날며 넓은 세상을 두루 살펴보자. 어떻게 하는 것이 최선인지를 알아보자. 비상구는 영원히 정문이 될 수 없다. 나는 내 아들이, 그리고 세상의 모든 어머니의 아들들이 요행의 비상구가 아닌 정문을 향해 정진하기를 바란다.

6. 황혼의 블루스

황혼기를 바라보는 마음과
연로해지면서 큰 위안의 터전이 되는
성전과 신앙 안의 아름다운 자매들을 그렸습니다.

나중에

그냥 살았습니다. 허둥대며 살았습니다. 나중에 올 영광을 그리며 살았습니다. 질세라, 옆 사람, 옆집을 가늠하며 그렇게 세월을 보냈습니다.

이일, 저일, 만가지 일을 뛰어다니며 했습니다. 이제 호젓이 남은, 나를 붙잡기 위해 돌아다 본, 바로 그 때 알았습니다. 지금이 나중이고, 나중이 지금이며, 지금도 나중도 얼마 남아 있지 않다는 것을.

저보다 더 산 분들은 "무슨 소리야. 부럽구먼"하시겠지만, 그야말로 모르시는 말씀. "어르신네들이 더 산 세월을, 어르신네들보다 제가 더 알차게 살 거라고 보십니까." 하루하루를 그럭저럭 살고있는 위인이 바로 저랍니다. 제가 어르신네들 나이가 되면, 지금과 별 차이 없이 세월만 죽이고 나이 수만 더할 것은 불 보듯 뻔합니다. 인간은 제 아무리 잘나봐야 도토리 키 재기이니까요.

짚고 넘어가야 할게 있습니다. 계산은 고금이래 정확히 해야 하니까요. 올 때는 순서에 맞춰왔지만 갈 때는 순서 없이 가니, 제가 어르신이 계신 곳까지 무사히 거칠 거라고 누가 압니까. 장담합니까. 아무리 세상에서 많이 알아서 잘나고, 똑똑해서 빼기고, 많이 가져서 부자고 간에 알아 맞춰 보라고 해보세요. 맞추나.

알콩달콩, 허둥지둥, 정신없이 키워놓으니, 아이들은 다 저 갈 길로 가더이다. 품을 떠나기 전에 한마디해서 보냈습니다.

"애들아, 열심히 살아라. 너희들을 이 세상에 존재케 한, 부모들이 부족하다는 부분까지. 욕심 부리라는 것은 아니다. 그저 최선을 다 해 살라는 거지."

아이들에게 욕심부리지 말라고 했는데, 다 이유가 있습니다. 「욕심은 금물」을 앞에 놓고 생각해 봅니다. 회한에선 길목이라 칩시다. 치지 않으면 어른들께 걱정을 들을 테니까요. 회한의 길목에 서있음을 의식할 때, 성전에서 미사포 쓰고 엄숙히 앉아 있을 때 생각난 거랍니다. 저는 몰랐습니다. 내가 이루려고 하는 것은, 죽기 살기로 열심히 하면 나중엔 다 될 줄 알았습니다. 아닌 것을, 한낱 욕심의 물거품이었던 것을…….

이제 종교의 힘을 빌려서 의지하려고 합니다. 끝간 데 없는 욕심을, 나 자신과 현실을 뛰어넘은 욕심을 현실에 맞춰 놓으려면, 훨씬 능력 있는 분의 힘을 빌려야 하니까요. 매사에 욕심으로 팽배된 심사를 누를 수 있도록.

나 자신이 이 세상에서 가장 중요한 것은 두 말할 필요 없습니다. 나를 너무 위하니, 자기중심적 사고가 커져서 욕심이 생깁니다. 산다는 것 자체가 욕구에서 시작해서 욕구로 끝나는 듯 합니다. 만물의 영장이 욕구만으로는 충족할 수 없으니, 자신의 야망을 실현시키고자 욕심이 더 커집니다.

자기를 좀 먹게 하는 것을 눈치 채지 못하게 하는 위인이 '나쁜 욕심'입니다. 주인 모르게 슬며시 불행의 씨를 뿌려놓고, 죽음의 덫 장치까지 슬쩍 만들어 놓고 놀립니다. '너희들, 용빼는 재주 있어봐. 한치 앞을 안다면 나를 이길걸'합니다. 눈을 깜빡이며 숨쉬고있는 이 순간, 이 상태에 존재하므로 가치 있는 당신, 한치 앞을 내다보십니까. 안다면 얼마나 좋을까요.

나는 너무 작다고, 남은 너무 크다고 생각하는 것이 문제이지요. '말을 타면 경마하고 싶다'고, '더 높은 곳을 향하여'라 하지요. 자신에게 맞춰서 행복을 일구는 것은 특별한 사람에게만 해당되는 듯 합니다. 선남선녀는 보장되지 않는 미래를 위해 현재를 묶어놓으려고 하니까요.

지금 하고 있는 연구를 끝마치고 나중에 즐기자하는, 학자.

돈이 부족하니 더 벌어놓고 나중에 정승처럼 멋있게 써야지 하는, 돈벌레.

예술의 혼을 사르다가 나중엔 몸도 함께 사르는, 예술가.

이승은 짧고 나중의 저승은 길다하며, 짧은 덕행을 쌓고 긴 극락의 세상을 만드는 것에 온 정성을 쏟는, 종교인.

이도 저도 없이 나중에 올 성공을 위해, 그저 숨쉬고 있는 이상 쉬지 말고 일을 해야한다는, 일벌레.

지금은 부족하다며 꿈을 그립니다. 나중을 그리는 꿈을—.

지금은 나중을 위해서만 있는 거라고 속삭입니다. 그 속삭임으로, 생이 좁혀가고 있음을 자꾸 잊습니다.

그 님

그 님은 같은 학교에 근무하면서 절친해진 교감선생님이다.

님의 정년퇴임문집을 꾸밀 때, 표지에 축시를 올려드렸다. 여름방학 내내 더위와 씨름하면서, 님을 오롯이 담으려고 애썼다.

축 시

은빛 나래 다신 님
단아한 님을 처음 뵙던 날
새아씨 홍조 띈 모습으로
일감 푸시는 님께선
샘솟는 힘도 함께 간직하셨더이다.

배턴 쥐고 힘껏 달리시던 모습
지금도 생생한 데
다 태우지 않은 불꽃을 안은 채
떠나시는 님
정녕 가시오니이까. 정녕…….

항상 언니 같으신 님
이일 저일 거두시고 그 힘
당신의 가운데 모아
은빛 나래 다신 모습으로
그 사랑 고루고루 나누어주시며
길이길이 빛내소서

많은 추억으로 올올이 수놓인
자취들이 점으로만 남지 않음은
성화를 소중히 옮겨가는 주자이듯

님의 촛불 이어받아
그 빛 더욱 빛낼
후배들의 다짐이 있음이지요.

님에 대해 남은 진한 그림은, 환갑이 넘었는데도 운동회 날 자모들 예닐곱 명과의 전력달리기에서 번번이 1등을 하던 모습이다.

님은 넘쳐나는 정열을 지님으로, 건강연령이 나와 바뀌었다고 생각했다. 40대와 60대가 바뀐. 시샘이 날 정도지만 어쩔 수 없었다. 매사 뜨거운 분발로 옆 사람이 뜨겁다 할 정도이니.

그런 님인데—.

지금은 날개 죽지 축 쳐진 새 모습처럼, 모든 의욕이 사라졌다 한다. 열정과 정이 넘치는 님은, 절친한 주위를 모두 끊으셨다. 간혹 전화로 안부를 여쭈면,

"낭군이 있을 때 잘해"하며 울먹이신다.

님은 남편이 암과 투병할 때, 세상에 있는 몸에 좋다는 것은 다 했다. 지극 정성, 자나깨나 오로지 간호에만 매달렸다.

병을 다 잡아 다스려 완치됐다.

남편께선 기분 좋은 새 삶을, 자연과 어우러질 꿈에 부풀었다. 산수 좋은 강원도에 전원주택을 꾸미고 오는 춘삼월에 무엇을 심을까. 봄을 고대하며.

추운 겨울, 부푼 가슴 안고 친구들에게 보이려고 가는 차안에서 잠자듯 세상을 떠나셨다. 친구들이 알 새 없이 그렇게.

무엇이 그리 급하셨을까. 새 봄이 오기 전에…….

산천은 푸르른데 가신 님은 말이 없네
새 봄에 땅 벗삼아 새 삶을 이고 지고
작은 소망 간데 없고 나 홀로 남아있네

님 그리워 훠이훠이 한걸음에 왔건만
빈 뜰을 어이할꼬 빈 가슴을 어이할꼬
옷섶 시린 가슴으로 바람만 불어드네

고마운 성전

노부부가 앞서서 교회로 향해 바삐 가고 있다. 집에서 편히 쉬고 있을 추운 날 새벽, 왜 그들은 교회를 향해 부지런히 걸음을 재촉하고 있는 걸까.

'살피지 마라, 들여다보려고 하지 마라, 구경하지 마라, 남들이 어떻게 늙어가고 있나. 그 순간부터 당신도 늙어갈 것이다'라고 정했는데, 버릇대로 또 살피고 있다.

사람은 앞모습뿐 아니라 뒷모습에도 그만의 이력이 담겨 있는 것을 깨달은 후, 누군가를 뒤따라가게 될 때 상대를 관찰하는 취미가 생겼다. 전혀 결례되지 않으면서 자유를 만끽하며 감상(?)할 수 있어 좋다.

몸을 뒤로 약간 젖혀진 듯하며 가는, 팔자 걸음의 풍채 좋은 할머니는 호방한 성격 같다. 그 옆의 왜소한 할아버지는 종종걸음으로 따르는 듯이 걷는다. 엄마를 따라 초등학교 입학식에 가는 아이모습이다.

평생을 살며 무수히 엮은 역사가 보이는 듯하다. 인간사 세상 살핌이 여의치 않아 님을 찾는가. 한 치 앞을 볼 수 없어 불안한가. 욕망이 앞을 가려 마음다짐을 반복해도 제자리걸음이라 양에 안 차 그러시는가.

생활전선에서 정신없이 뛸 때는 신경 쓸 일이 많아서 우울해 질 새가 없었다. 한가한 시간이 많아지고 마음이 한데로 새니 허해져 우울증이 생긴다. 갈수록 많아지는 산세월에 반해 동행인이 적어지니, 공허한 마음의 자리가 커진다.

식구가 확연히 줄어들면서, 눈을 뜨면 외로움이 제일 먼저 뇌리에 들어와 아침인사를 한다. 새로운 날을 맞이하는 희망 뒤에 숨어있는 절망을 맞이한다. 전날 밤 잠 자리에 들 때, 절망에게 비위를 맞추느라 미리 악수를 청하고 잤는데도.

마음의 중심이 문제이다. 마음의 갈래가 복잡하니 중심 잡기가 어렵고, 잡은 중심이라도 굳건치 않으니 작은 변화에도 마음이 흔들려 문제이다.

아이들과 허둥대며 살 때는 고독, 인생, 죽음이 슬쩍 얼굴만 비치다 떠났지만 인생의 성숙을 거친 중년에 든 다음, 그들이 내 안을 휘저으며 다니게 될 줄이야.

불혹의 나이를 지나 지천명의 나이라니 어림도 없다. 숫자만 늘었지, 내가 언제 그렇게 숙성할 수 있었나. 세월을 더 할수록 마음의 갈피가 세세히 갈라져 미풍에도 갈대처럼 흔들린다. 한 마음은 저 멀리 달음질치고 있는데, 몸은 뒤에서 구경하며 아직 남은 마음이 스스로를 세세히 찢고 있다.

내 마음이 갈기처럼 되어 바람에 엉키기 전에 바로 잡아야지 더는 놔둘 수 없어, 6시전에 눈을 뜨면 주님의 뜻이라며 새벽미사에 참석한다.

나이가 들어 직장에서 집으로 귀의하면서, 우울해지기 쉬운 민감한 심성으로 바뀌었다. 내 특성이 나다니는 것을 싫어하고 집에 안주하기를 좋아하면서, 갑자기 자신을 다른 상황에 놓은 것도 문제가 된다. 무엇이든 열정을 다하는 자신을 자신의 늪에 빠지게 만들며 허우적거릴 때, 그날의 새벽을 잘 여는 것이 중요하다는 생각으로 잘 가지 않던 새벽미사에 참석하기 시작했다.

어느 날 새벽미사를 함께 드리는 신자들을 보면서 깨달았다.

주님을 만나는 새벽시간이 주어진 것은 사람과의 만남으로 시작해서 건강한 하루가 되게 하는 깊은 뜻이 숨겨진 것이다. 우울증은 고독에서 오는 것이므로 사람 가운데서 건강한 하루를 시작하라는 메시지가 담겨있다. 거기에 성경말씀으로 마음 밭을 일구면 금상첨화다. 잘 구운 식빵에 잼을 고루 바르면 더 맛이 있듯이.

난 오늘 새벽에도 미사가방을 들고 성당으로 향한다. 나를 먼저 구해야, 남과 어우러져 즐거운 삶 밭을 이룰 수 있기에.

아름다운 할머니

아름다운 할머니를 처음 뵌 것은, 성당 봉사단체인 레지오에 입단해서다. 첫날 그 분을 향한 유다른 눈길은, 활동하기에 너무 연로해 보여서다. 연세가 자그마치 83세이신 그 분은 주 회마다 변함없이 귀퉁이자리를 지키셨다. 이십여 년을 하루같이 그 자리를 지키신 것이다.

1년여를 그 분과 함께 활동하며 동고동락했다. 짧다고 볼 수 있는 시간이나, 마디가 차진 1년이기에 깊이가 있다.

허리를 다쳐 구부정한 모습과 상관없이 항상 새아씨의 수줍은 듯한 미소를 머금은 모습은 아름답다. 곁에 앉은 젊은 단원보다 내 시선을 잡는 경우가 많았기에, 그저 통과 의례적인 말이 아니다.

그 분이 젊은이들보다 더 아름다운 것은, 항시 어울리는 단정한 매무새와 음전한 행동과 맑은 정신이다.

그리 건강하지 않은 몸 상태나 연로하심을 개의치 않고 당신이 할 수 있는 봉사활동에 꾸준히 참여하신다.

레지오 주회를 진행하는 동안에 시정할 점이 생기면 누구보다 빨리 파악하는 맑은 정신을 지니고 계신다.

그 분이 아직도 빛나는 예지를 간직하고 있는 것은 많은 시간을 들여서 하는 묵주기도에 기인한다. 대다수 우리들이 드리는 묵주기도의 단수는 많아야 1주일에 100단을 넘지 않는데, 보통 300단을 넘게 하신다.

기도와 나는 그리 친숙하지 않아 긴 세월동안 교회를 다녔는데도 기도가 잘되지 않았으나, 묵주기도의 내용을 이해한 다음 그 묘미에 매료되어 지속해서 하게 됐다.

묵주기도는 주님의 일생과 영원한 구원을 담은 내용으로, 5단을 하나의 신비로 세 가지 신비가 있으니 전부 15단이다.

첫째 5단은 「환희의 신비」로, 주님을 잉태한 마리아가 엘리사벳을 찾으시고, 예수님을 낳으시고, 성전에 바치신 후, 선교하시는 예수님을 그렸다.

둘째 5단은 「고통의 신비」로, 예수님께서 오로지 우리를 위해서 피땀 흘리시고, 매 맞으시고, 가시관 쓰시고, 십자가 지시고, 십자가에 매달려 돌아가신 고통을 그렸다.

셋째 5단은 「영광의 신비」로, 예수님의 부활과 승천하신 후, 우리에게 성령을 보내시고, 하늘로 성모님을 부르신 후, 천상모후의 관을 씌우심을 그렸다.

천주교로 전교 한 목사님의 순회 간증 중의 내용이다.

"처음엔 이상했다. 심방을 왔다하며 우루루 들어와 묵주를 꺼내고 뭔가를 중얼중얼 하더니 그냥 가더라. 교회에서 심방 가서 하는 간절한 기도가 없으니, 참 싱거운 사람들이네 했다.

특별한 모습으로 다가온 묵주기도, 그게 뭘까. 잘 들어보니 묵주를 한 바퀴 돌리는 동안 주님은 한번 부르고 성모님은 열 번 부르더니 다섯 번이나 반복하더라. 이상하다. 왜 똑같은 것을 반복할까.

따지기 전에 무조건 따라해 보았고 무릎을 쳤다. 반복하는 기도에 심오한 뜻이 들어있음에 감탄하며. 묵주기도를 열심히 하게 됐다."

한 번에 묵주 한 바퀴가 기본이다. 단 사이에 세상을 다 안은 듯한 포괄적인 기도가 더 참신하다.

각각 나름대로 개인기도를 첨가해도 된다. 내 묵주기도는 기본을 활용하며, 나름대로의 방법을 취해 한다.

새벽에 눈 뜬 후, 일반지향의 기도를 드린다. 십자가에 친구한 뒤 단마다의 신비 후, 1단에선 세계의 평화와 성직자를, 2단에선 우리나라와 성직자를, 3단에선 가까이 있는 믿는 이들을, 4단에선 믿지 않는 친지나 아는 이들을, 5단에서는 우리가족을 위해 바친다. 단 마다, 그 단 상황에 해당되다가 돌아가신 분들의 영혼을 위해 빈다.

특별한 지향은 일반지향이 끝난 후, 십자가에 친구한 뒤 사도신경 전에 간절한 염원의 기도를 드린 후 기본묵주기도를 드린다. 기도를 잘 못하는 난, 그 묘미에 매료되어 묵주기도를 시작했고 끊이지 않고 꾸준히 참여하려고 애쓴다.

그 아름다운 할머니를 닮고 싶다. 할머니처럼 나이가 들어갈수록 비례해서 묵주기도를 더 많이 해야한다. 할머니께서 정신이 맑고 아름다운 것도 많은 양의 묵주기도가 준 선물이다. 그렇게 많은 양의 외움을 반복하니, 치매는 절대불허이겠다. 할수록 맑아지는 영혼을 선사하는 묵주기도가 틈을 주지 않으니, 기도는 내게도 아름다움을 선사 할 것이다.

대 모

세상에서 단 한 사람뿐인 나의 대모는 더없이 소중한 분이다.

대모를 처음 만난 것은 20년 전 개교하는 학교에서다. 척박한 곳으로 발령 받아 온, 모든 교사들은 4년간 이동 없는 개교공신들로 궂은 일을 하면서 정이 들어 다른 학교에서와 달리 서로 각별했다.

대모의 경우는 우리들과 달랐다. 거주지 행정착오로 한 해만 함께 근무하고 다른 학교로 전근 갔다. 1년간 일군 정으로 서운함을 가실 길 없어, 여럿과 함께 지속적인 만남을 갖게됐다. 대모가 잘 못 온 것은 보이지 않는 분의 뜻으로, 나와 인연 맺어준 예시적인 일이었다.

우리가 한 뜻을 모아 20년을 한 달에 한번씩 한결같이 모일 수 있는 것은, 같은 곳을 바라보기 위한 성경공부를 했기에 가능하다. 우리 신우회의 인원구성은 교파와 상관 없이 성경을 기본으로 하는 종교인이다.

대모는 우리의 맏언니로 말보다 실행하는 봉사생활을 한다. 어린 4여 1남과 빚까지 남기고 비명에 가신 남편을 대신해서 꿋꿋이 산 것은 순전히 신앙의 힘이다.

한동안 대모가 그런 상황에서 어렵사리 사는 것을 몰랐다. 항상 밝게 웃는 모습이 천상 아이 같기에 고생을 하고 있는 줄 몰랐다. 아니, 본인이 고생을 고생이라 생각하지 않으니 그렇게 보인 게다.

신의 사랑을 듬뿍 받고 있음에도 겉으로 나타나는 선민의식이 전혀 없어, 그리 맑고 깊은 신앙심이 있는지도 몰랐다. 평화스럽고 천진한 모습이, 마음 안에 가득 든 신앙심에 의한 것을 알고 존경하게 되었다. 언제나 변함없이 몸소 실천하는 종교생활이 지금의 대모를 만들어 준거다.

지성이면 감천이라 했나. 간절한 기도가 주님을 감복하게 만들었나. 다섯 자녀 모두 가정환경에 맞게 잘 크고, 자신의 길을 잘 살펴 자리한 다음, 지금은 모두 행복한 가정을 꾸미고있다.

홀로 남게 된 대모는 집에 있는 적이 거의 없다. 자녀의 일도 있으나 대부분 성당일과 봉사활동을 위해 다니느라 바쁘다. 나를 내세우지 않고 활동하는 모습이 한결같다.

가끔 미국에 있는 딸과 일본에 있는 아들에게 다녀오느라 국제활동(?)도 한 몫 한다.

어쩌다 전화를 걸면 “대녀가 뭐 그래, 대모에게 안부전화도 잘 안하고”한다. “어쩜, 출세를 너무 하셔서 지방이나 외국에 출타 중으로 언제 돌아오시는지 알아야 하지요. 툭하면 외국으로 나가시어 국제적인 귀한 몸이 되시니”하며 함께 웃는다.

대모께 부럽다하며 너스레로 하는 말은, 뒤에 든든한 백이 있어 좋겠다는 거다. 온전히 주님과 함께 동행하며 사는 것을 언제나 부러워하는 것은 사실이다. 나는 기도를 잘 못한다며 대모께 부탁하길 잘한다. 그 때마다, 대녀의 기도를 날마다 하고 있지, 그래도 자신이 해야 주님이 기뻐하시니 열심히 기도하라고 이른다.

대모의 간증 중에서 막내 외동아들 이야기가 있다.

네 딸을 연달아 낳고 아들을 낳았으니, 그 집안의 큰 경사였으리라. 아들도 누나들과 마찬가지로 선하고 성실했다. 누나들과는 다르게 공부하기를 썩 즐겨하지 않아 고등학교 실력은 중간정도로, 서울에 있는 대학에 가기엔 좀 부족했다. 자신이 좋아하는 자동차학과를 선택해서 서울 인근에 있는 지방전문대에 갔다.

대학생활을 하면서 고교생활까지의 공부하던 자세하고

는 딴판으로 바뀌었다. 자신이 좋아하는 분야를 선택해서 인지, 물을 만난 물고기처럼 밤을 새는 줄도 모르고 연구에 몰두하게 됐다.

당연히 장학생이 되었고 교내에서 주목받는 학생이 된 그에게 신께서는 다른 길을 마련해 놓았다.

일본과 연계된 학교로 일본유학 장학생에 선발된 것이다. 일본에 간 그는 어학연수를 거쳐 정규대학 자동차학과에서 학문에 정진했다. 지금은 일본소재 연구원으로 자리를 잡아, 단란한 가정을 일구며 행복하게 살고 있다.

대모는 아들이 고3때 100일 새벽기도를 실행했다. 새벽기도를 마치고 돌아온 대모는 잠자고 있는 아들의 발을 잡고 절실한 기도를 드렸다.

모태신앙의 대모 아들이 했다는 말이 마음에 찡하게 남는다. "엄마가 차가운 손으로 발을 잡고 기도 드릴 때, 엄마의 간절한 마음이 온전히 전달되는 기분이다."

직장을 다니는 대모가 신을 향한 순백의 소망이 차가운 새벽공기를 가르며 걸음을 재촉하며 하루도 거르지 않고 드린 정성이 신을, 또 아들을 감복케 한 것이다.

요즈음에는 나도 새벽미사에 참석해서, 10명의 대녀 모두의 기도를 빠트리지 않고 한다는 대모를 위해서 기도한다. 자신을 태우고 주위를 밝히는 촛불의 희생을 계속하고 계실 대모에게 축복이 함께 하기를 간절히 기원한다.

오늘도, 내일도 나날이 여럿이 함께 하는 기도가 큰 묶음이 되고, 큰 은혜가 되어 되돌아오는 부메랑원리를 믿는다.

"대모님, 오늘도 건재하시죠."

성모님을 닮은 자매

이웃에 성모님을 닮은 자매가 있다. 코가 오뚝하고 갸름한 얼굴에 행동이 사려 깊어, 절로 성모님을 닮았다는 생각을 하게됐다.

그녀의 생활을 보면 계획표에 따라 사는 듯이 최선을 다하는 하루하루가 알차다. 주중에는 성당일과 이웃에게, 주말에는 미사를 드리는 시간외에는 가족이나 친지들을 위해서 사는 모습을 보면, 성스럽다는 생각까지 든다.

건전한 삶은 자신의 가정 밭을 화목하게 일구고 더불어 주위사람의 감성까지 풍부케 한다. 그녀는 남을 행복하게 하고 행복한 모습을 보며 기뻐하는 모습이 천상천사다. 그냥 천사표이면 별 의미가 있겠는가. 자신에게 철저하며 남에게 후한 마음이 특히 남다르다.

굳건한 기초 없이 고래등같은 집을 세운다면 그 허울좋음이 얼마나 갈까. 앉은자리 매김이 좋아야 어떤 모습이든 자연스러움이 묻어 나오듯, 자양분이 많은 땅에서 자란 식물이 아름다움을 더하듯이, 인간관계에서 아름다울 수 있는 것은 항상 최선을 다하는 모습을 갖췄기 때문이다.

봉사단체에서 같이 활동하면서 나눈 많은 대화로, 어쩜 더 이상 생각이 바를 수 없는 이런 자매도 있구나했다. 어떤 일을 하든, 어떤 사람을 상대하든, 정성을 다하는 지극한 모습이 주위를 환히 빛나게 한다.

그녀의 집은 언제나 문이 열려있다. 다과를 준비하고 편안하게 손님을 맞이하는, 후덕한 주인이 있는 아늑한 카페 같은 곳이다. 누구나 가서 다과를 즐기며 화기애애한 분위기에서 담소하며 도타운 친분을 다지며 행복을 만드는 안식처이다.

모태신앙의 그녀는 어머니가 어렵사리 일구어온 신앙의 힘이 크게 작용했다. 아버지가 함께 믿지 않아서 언제나 어머니의 마음이 편치 않았다. 어머니가 마음에 들지 않을 때, 마음이 모질지 않은 점잖은 아버지가 행하는 방책을 들으면서 우리 모두 웃었다.

부부가 서로 마음이 들지 않아 다툼이 있을 땐, 자존심을 상해하며 노여움을 타는 전세대의 가부장적인 아버지도 예외일 수 없다. 어머니가 가장 소중해 하는 벽에 걸어놓은 십자가를 바닥에 내려놓아 벽에 기대 놓는다는 것이다. 아버지도 함께 믿었으면 하는 어머니의 기대에 완전히 반하는 행위로 무언의 항변을 표하는 것이다.

어머니의 종교를 반대하는 행동 같지만, 이미 그녀의 아버지는 어머니의 신앙에 중요성을 인정한 것이다. 그 분의 마음을 읽었듯이, 얼마간 세월이 흐른 후 아내를 따라 성당에 다니게 됐다 한다. 어머니께 화가 나시면 십자가를 바닥에 내려놓는 대신 어떻게 하셨을까하는 누군가의 말에 우린 더 크게 웃었다.

그녀 부모님의 신앙에 대한 알뜰한 마음을 표하는 내용으로 오히려 잔잔한 여운을 남겼다. 마음의 정성을 넘치지도 모자라지도 않게 조용히 실행하는 그녀에게서 그녀의 어머니를 본다.

병약했던 그전보다 많이 좋아진 건강을 위해 걷기 운동도 열심히 하는 그녀를 따라 갔을 때가 생각난다. 이사 온 지금은 나란히 걸으면서 나눴던 많은 이야기가 그립다.

글을 쓰기 시작한 나를 위해서 자신은 쓰지 못한다며, 글로 옮기고 싶은 영감이 떠오른 것을 꼭 간직하고 있다가 들려준다. 내가 읽어서 글쓰기 도움이 될만한 책을 골라서 빌려준다. 무언가 유익한 도움으로 동참해서, 좋은 글이 나오기를 바라는 어머니 같은 알뜰한 마음이 전해진다.

신앙심이 두터운 그녀가 주위의 사람들을 향한 변함없는 사랑은, 모두의 마음에 잔잔한 감동을 준다. 주위를 의식하면서 자신의 행동을 영위하듯 했다면, 긴 세월을 한결같이 그렇게 할 수는 없을 게다.

그녀가 오른 손을 하는 일을 왼손이 모르게 하라는 말씀에 따라하듯, 은밀히 실행하고 있는 일을 가까이 지내며 알게 된 미담이 있다.

거동이 불편한 딸로 등교하기 어려움을 겪는 이웃을 위해, 자신도 바쁜 아침시간에 자신의 자가용으로 등교시키는 가상한 사실을 알게되면서, 그녀가 성모님을 닮은 모습이 절로 된 것이 아님을 알았다.

사유의 세계를 쓰고 그리듯, 기쁨과 슬픔을 춤추며 노래하듯, 자신이 구상한 것을 조각하거나 정성껏 꾸미듯…의 전부가 자신의 생각 범주 안에 들어있다. 변함없이 최선을 다하는 생활이 그녀의 인품을 만든 것이다. 사람과 삶을 어우를 때 받는 기쁨의 선물인 것이다.

지천명의 나이지만 어쩌다 마주치면, 오랜만에 님을 보는 홍조 띈 새아씨 표정을 지으며, 만면에 반가움에 가득 찬 미소는 언제나 마음을 새롭게 자극한다. 미사여구의 말로는 비견할 수 없는 무언가가 마음 안에 스며들며, 언제나 닮고 싶은 변함없는 모습으로 나를 감싼다.

성모님을 닮은 자매를 만나서 절친하게 된 것은 주님의

은총이다. 오늘 새벽도 성모님을 바라보며, 환한 빛과 환희의 소리를 내는 은방울 같은 등대지기인 그녀를 변함없이 지켜 주실 것을 간구 한다.

특별한 이벤트는 없었다

세월에게 머리를 숙이거나 손을 들어 항복한다. 나이 수의 많아짐, 남은 여생이 짧다는 급박감을 느낀다. 한 때를 풍미하던 어느 누구도 세월을 이길 수는 없다. 정해진 세월 속에서 마감하거나 추하게 쇠잔해지다 사라질 뿐이다.

하루 밤낮으로 무수히 많은 욕망의 갈래와 헝클어진 갈등으로 시간과 힘을 소진한다. 무기력해져서 아무 것도 하지 않고 날짜를 줄여가면서, 남은 기간이 짧다하며 심한 아이러니의 늪에서 허우적거린다. 인정하지 않을 수 없는 사실로. 직장을 접은 후, 변한 것이 없는데 갑자기 늙는다. 쇠퇴한 시간이 많아졌다.

청춘의 만끽은 일순간의 화려한 날갯짓이었나. 번데기를 뚫고 막 깨어난 나비를 닮았다. 짧은 비상을 위해 젖은 날개를 있는 힘껏 젖히며 말리는 순간이었다. 현란한 날갯짓은 한낱, 영화를 누리고픈 욕망의 앞섶뿐이었나…….

아직 많다고 생각되는 나이는 아니나, 쇠퇴기에 동참하는 듯한 기분은 뭐란 말인가. 무작정 나가 전철드라이브를 즐긴다.

내 기분대로 보이는 걸까. 내 마음속 깊은 곳을 향해 외친다.

'전철 안 군중들아, 이마를 펴라. 얼굴을 펴라. 나이에 주눅들지 말라. 주눅들다 죽을 것인가. 사라질 것인가.'

'노병은 죽지 않는다. 단지 사라질 뿐이다'라고 한 말은 허구에 그치려는가. 정렬된 졸병들 앞에서 큰 소리로 호령하며 군림했던, 뒷모습의 자존을 위한 방패? 페이소스? 자기위안? 사라진 그들은 다 어디로 갔을까. 인생을 다 산 것 같은 표정을 짓고 있는, 군중들은 전철 안으로 돌아와 있는 걸까.

옆에 앉은, 60까지 제과점을 했다는 아주머니의 사려 깊은 말에 공감했다.

"그 때까지는 멋을 부리며 전혀 나이가 들었다고 의식하지 않았는데, 일을 그만둔 후 세월이 살같이 빠르게 지나가더라."

매일 성경책을 읽어야 하는데 그렇지 않아 잘 늙어가긴 틀렸다고 딸이 걱정한단다. 자신의 생각도 같다 한다. 겉

치레가 아닌 내면에서 우러나는 멋스러움을 갖고 싶은데, 성경책을 펴면 졸음이 온다 한다.

“내 앞에 그림자가 길어지면서 외로움을 느꼈어요. 동쪽으로 지는 황혼의 그림자가 내 앞에 길게 드리워지면, 서녘의 멋진 저녁 노을을 등진답니다. 멋진 황혼을 고이 간직하고픈 마음으로, 황혼을 바로 바라보기엔 자신이 없어서요. 늙었다고 의식하기 전에는 누군가가 나를 쳐다보면 내게 관심이 있나 했지요. 지금은 누가 쳐다보면 어디 단추가 열려서 그런가하며, 매무새를 살피게 되지요.”

아직도 매력적인 아주머니의 솔직한 말씀이 살풋한 미소를 짓게 했다.

어젠 싫은 일상을 또 반복했다.
완전히 덫에 걸린 새다.
지친 하루를 허망해하며 불행한 오후를 맞는다.
칭얼대는 어린아이처럼 지나간 하루를 아쉬워한다.

아니 그럴 수 없지.
자각을 두드리는 이성의 울림이 들린다.

귀를 열고
마음을 활짝 펴 자신을 이끌자.

지난 일에 매달려 지척거리지도
어제의 우를 오늘도 범하지 않도록.

분발하자.
젊음의 반추는 과정일 뿐.
한창 때에 특별한 이벤트는 없었다.

매일을 열자. 새롭게.
내 할 일을 뜻깊다며 정하지 않았는가.

신 새벽.
새로운 장을 열자.

자기 확대와 축소를 통한 세계와의 대면

— 홍정기 문학의 원초적 공간

윤재천
(한국수필학회 회장)

문학은 진솔하고 절실한 삶의 기록이다.

누구에게나 생존의 문제가 최대의 관심사이기에, 문학은 인간과 인간의 삶과 함께 한다. 요즘의 문학은 물질 제일주의와 쾌락주의에 휩쓸려 중심 없이 표류하고 있다. 이는 삶의 중요성을 시장논리에 의해 가치 절하되고, 문명의 발달에 따른 극도의 허무주의가 낳은 결과다.

문학은 하나의 현상을 통해 세계를 보는 눈을 갖는다. 자신에게 닥칠 운명에 대해 준비하고, 해석의 근거를 마련하는 일이다. 우리는 어려움을 감내하면서 한번뿐인 삶을 살아야하고, 언젠가는 죽음이라는 절차를 맞는 존재다.

불안과 두려움으로 일체의 절차를 피하려고 해서 안정된 보호를 받아 행복할 수 있는 것은 아니다. 정신적 여유를 확보하는 일이 삶에 대응하는 바른 태도다. 문학은 이를 위한 한 수단이고, 자기 강화의 한 방편이다. 철저히 자기 자신에게 충실할 수 있으면서, 남과의 관계에 있어서 원만함을 유지할 수 있는 한 방편이다. 이를 현실로 실현하기 위해서는 자신에 대한 평가를 남의 시선에 맡겨 그들의 기호에 맞게 살려는 태도를 지양해야한다. 그렇지 않으면 우리는 평생 노예의 상태를 벗어날 수 없다.

홍정기의 글은 확고한 자기 세계를 가지고 있는 것이 특징이다.

공연히 떠도는 글이 아니고, 자기 응시의 눈초리를 멈추지 않는다. 그 안에는 자기 성찰이 있고, 품고 살아야 할 그리움이 있다. 아내로서, 어머니로서 그들을 바라보는 예리한 눈이 있다.

그의 글에는 사랑이 담겨져 있다. 그것은 때로 불씨를 통해 열기를 만들어 보이고, 연민의 눈으로 그들을 응시하기도 한다.

홍정기는 그 어느 것도 무의미하게 따나보내지 않는다. 온전히 사랑으로 감싼다. 그의 글에서 진지함을 느낄 수 있는 것은 이 때문이다.

작품을 통해 이를 확인하기로 한다.

내가 하는 것들이 모두가 그대로 아이들에게 전해지니, 너무 귀하고 보람된 나날이었다. '한날 한시도 마음을 놓으면 안 된다'는 마음에는 여지가 없었다. 집에 와선 파김치다. 항시 머리에 가득 든 것이 학교인 것은, 늦게 시작했기에 부족한 것이 많아서이다.

"내가 네게 어떻게 했는데……"하듯, 품안을 떠난 자식들에게 한탄하는 어머니처럼 애달픈 심정은 아니다. 한껏 도약했으나 착지에 실패한 체조선수다. 체조선수는 착지에 성공해야 대열에 낄 수 있기에, 뼈를 깎는 피나는 연습을 수없이 반복한다.

그러나 한 번에 끝나는, 연습 없는 착지가 끝내 맘에 차지 않는다. 미련을 떨치고자 마음을 붙잡는다. '세상이 주었기에 어쩌지 못하니, 미련의 반복은 그만하고 마무리를 하자. 아쉬움의 끝자락을 놓으며 깔끔하게 마음을 접자. 이별을 고하고 하늘을 보며 웃자.'

—「미 련」 중에서

아이들을 가르치는 교사의 심정이 애틋하게 표현되어 있다.

삶은 끊임없이 기다림과 그리움, 만남과 헤어짐의 연속이다. 더 이상 누구를 기다리고 그리워할 수 없게 되었을 때, 우리는 세상과의 마지막 이별을 하게 된다. 인생이란 만남에서 시작되어 헤어짐으로 끝나는 한 편의 서사시와 같다.

우리는 평생동안 몇 번 이별을 하고, 몇 사람과 크고 작은 만남을 하며 살아가는 것일까.

만남이 모두 의미를 지닌 것이 아니듯, 헤어짐도 아픔을 내포한 것은 아니다. 우린 왜 '이별'이란 단어 앞에서 절망을 느끼게 되는 것일까. 그것은 '미련' 때문이다. 무엇 하나 더 손에 쥐어보내고 싶고, 기댈 수 있는 버팀목이 되어주었으면 좋지만 그것이 현실적으로 불가능할 때, 미련을 가슴에 안고 상대를 떠나보내야만 한다.

'세상이 주었기에 어쩌지 못하니, 미련의 반복은 그만하고 마무리를 하자. 아쉬움의 끝자락을 놓으며 깔끔하게 마음을 접자. 이별을 고하고 하늘을 보며 웃자.' 이것은 이별을 반복한 사람의 절규다. 차라리 이별이 일상의 일이라면, '웃자'는 작가의 절규. 그가 '웃음'을 의미하는—아픔의 한 끝에 후련함이 배는 것은 어떠한 연유일까.

아들이 유치원에 들어간지 얼마 지나지 않아, 학부모가 참석하는 첫 행사가 있어 직장을 조퇴하고 갔다. 막 현관을 들어서는데, 원아들이 신을 벗고 들어가고 있었다. 아들이 자신의 신발장을 못 찾자, 원장이 꿀밤을 주면서 "네 밥도 못 찾아 먹니"하는 걸 보았다. 우리 집 도우미에게 물었더니, 항용 그런다고 한다. 새로 입문하는 어린아이들에겐 자상하게 안내해줘야 하는데…….

인성의 70%가 형성된다는 가장 중요한 시기인, 유치원

시절의 단추부터 잘못 채워진 것은 아닐까. 아이가 매사 자신에게 박차를 가하지 않는 것을 보면, 방법을 가르치기 전에 면박부터 주어서일까.

—「소와 물」 중에서

교육은 더 이상 성스럽다는 수식어가 붙을 필요가 없게 되었다.

저마다 이를 수단으로 삶의 양식을 구하기 때문이다. 교육은 학교라는 울타리 안에서 이루어지고, 그곳이 모든 이들의 고향 같은 것이 되어야 하는데, 사교육 현장이 제도권 교육을 능가하면서 교육을 망쳐 놓았다. 밤낮 가리지 않고 학생을 실은 학원 버스가 골목마다 누비는 나라— 열심히 공부를 해서 그 많은 지식을 어디다 활용할 것인가. 우리말도 제대로 못 쓰는 아이들까지 유학이라는 이름으로 해외로 내몰고 있으니, 무엇을 어떻게 하자는 것인지 안타까울 뿐이다.

배워야 한다는 열기가 높은 데도 우리 주변은 어지럽기만 하다. 갈수록 인정은 메마르고, 신의 같은 것은 유물로 전락한 지 오래다. 개선의 여지가 보이지 않는 상태에서 누군가를 가르치고, 누구에게서 배울 필요가 있는 것일까.

"네 밥도 못 찾아 먹니." 이 얼마나 서글프고 절박한 한마디인가. 우리는 지금 밥을 찾아 먹기 위해서 이렇게 살고 있는 것일까.

언제 '밥'이 무기가 되지 않는 세상이 올까.

남편은 자신의 학문을 지나치게 사랑한다. 모든 열정을 한 곳에만 쏟아 부으니, 너무 건조해진 탓도 된다. 더 심할 때는, 학문에 대한 생각이 가득 찰 경우이다. 자신의 학문 연구에 방해가 될까봐, 평소 언행에도 민감하게 반응한다. 처음에는 왜 그러는지 의아해했으나, 그럴 때만 나타나는 같은 행동을 보면서 절로 알게됐다.

지나치게 편중된 생활로 다툼이 있을 땐, 남편을 향해 힘이 들어간 목소리로 심한 말을 한다. 한동안 쌓인 불만을 참다가 하는 말이다. "애첩(학문)을 너무 끼고 도니, 본처가 낄 자리가 있어야지. 저 깐 애첩(원고)은 불살라 버려야 해" 하면, 아연실색하며 "가르치는 사람이 저렇게 무식한 말을 하다니, 쯧쯧……."

이런저런 말이 이어지나, 남편의 두 번째 출판기념회에서 남편친구가 내게 한 말을 되뇐다. 그는, 얼마나 애로가 많으냐하며 자신도 같은 학문을 하기에 아내의 입장을 잘 안다며, 위로했다.

아옹다옹이 그치고 낭만의 발맞춤도 함께 할, 그 언젠가를 기다린다. 실낱의 희망을 함께 붙인 사진을, 냉장고에서 떼는 날을 기대한다.

—「여비(女婢)와 애첩」 중에서

집착만큼 무서운 것은 없다. 그것 때문에 사람은 자기의 주변을 돌보지 않고, 그 모든 것과 헤어져 '섬'처럼 산다.

집착할 것이 있다는 사실은 생각하기에 따라 더 없이 아름다운 일이지만, 그것은 형벌을 받는 죄수의 입장과 다르지 않다. 그 집착은 눈에 드러나는 것이 아니다. 누구를, 무엇을 위해 그렇게 살아야 하는가는 확연히 드러나는 것이 아니기 때문이다.

그것은 자기와의 싸움이다. 자기와의 싸움을 통해 얻어내는 것은 무엇일까. 그것은 목적도 이유도 없는 싸움이다.

학문과 예술, 산다는 것은 그 자체가 집착의 소산이다. 그 모두가 망망대해에서 작은 못 하나를 찾는 일과 다르지 않다. 이 글은 남편의 학문을 향한 집착에 대해 기술한 글이다.

사람에겐 언제나 자기편이 되어줄 수 있는 후견인이 필요하다. 그렇지 않으면 그 누구도 행복감에 젖을 수가 없다.

무조건적인 사랑 속에서만 사람은 행복의 의미를 발견하는 것은, 이미 어머니로부터 전수 받았다. 다만 혈육이라는 이유로, 그 모든 것을 수용했던 어머니의 맹목적인 사랑, 우리는 어머니의 사랑에 향수를 느끼기 때문에 '섬'이 되어 가는지도 모른다. 아내는 남편에게, 남편은 아내에게 어머니 같은 무조건적인 사랑을 해줄 수는 없을까.

가슴으로 싸안는 지혜를 터득하는 길만이 삶을 여유롭게 사는 유일한 방법이다.

우리가 가치 있게 만들어낸 것과 민중 속에 파고든 것의 괴리감은 어떻게 해결할까. 한 가지 색만을 고집하기보다 퓨전시대에 걸 맞는 제3의 문화의 다양한 탄생은 묘미를 더해 주지 않을까.

성악가 박인수와 가수 이동원이 조화로운 화음을 만들며 감미롭게 들려준 '향수'는 마음마저 잔잔한 아름다움에 물들게 했다. 우리 음악의 전통 악기연주와 오케스트라의 협연, 무용에서도 동양과 서양의 것의 접목의 시도를 자주 접한다. 가끔 새롭게 생성된 독특한 미는 신비함으로 다가온다.

—「가까이 있을 때 빛난다」 중에서

현대인을 지배하는 것은 편견이다.

이 편견을 깨지 않는 한 사람은 아름다운 것을 만나지 못하고 정처 없이 표류할 수밖에 없다. 마치 멈춰지지 않는 걸음을 걷는 사람처럼 아픔의 끝을 입에 물고 세상을 겉돌게 된다. 우리에게 퓨전시대가 당도한 것은 이 때문이다.

화합이 아닌 갈등의 만남은 많은 결실을 맺는다고 해도 무의미하다. 그것은 또 하나의 아픔을 키우는 일이다. 아름답다는 것도 편견에 지나지 않고, 비난하는 것도 편견의 파편일 뿐이다. 더 가진 자는 그렇지 못한 것을 업신여기고, 자가당착에 빠져 경거망동을 자행한다. 그것은 안타깝고 연민 어린 상황이다. 우리는 모순의 시대를 살고 있다.

「가까이 있을 때 빛난다」는 작품이 가슴에 여울을 만드는 것은 이 때문이다.

패러다임의 전환을 요구하는 글이다.

> 살면서 겪은 스포트라이트의 이런저런 경우가 징크스처럼 자리 잡으면서 희로애락에 지나치게 연연하지 않게 됐다. 여럿이 함께 하는 자리에서는 너무 튀거나 돌출행동이 되지 않도록 조심한다. 사람들 가운데 위치해서 남이 나 여럿의 일에 좌지우지하지 않는다.
>
> 상대와 다툼이 있을 때엔 팽팽히 맞서던 시절도 있었으나 이젠 굳이 이기려고 하지 않는다. 지는 것이 이기는 것임을 알았기 때문이다. 결혼 10년 후, 부부전선에서 언제나 져준 남편이 이긴 것을 알았다. 그 사실을 깨달을 때, 자신이 바보 같았음을 어찌 말하랴.
>
> —「스포트라이트」 중에서

작가는 이 글의 끝을 "그저 평온한 그 날 그 날이 좋다"라는 말로 맺고 있다.

우리는 '그저 평온한 날'을 살기 위해 치열한 삶을 살고, 그럴 수 있기를 애타게 기다린다.

누군가의 눈을 의식하면서 사는 삶은 자기의 생을 사는 것이 아니다. 혼자서는 살 수 없는 만큼 무시하거나 간과할 수는 없지만, 어느 정도 무딘 삶을 살 필요는 있다. 이 글은 그러한 면에서 느끼는 바가 많다.

조금은 가리고, 그냥 지나치면서 살아도 자기를 온전히

지킬 수 없다면, 어쩔 수 없이 이 길을 따라 갈 수밖에 없는 것이 아닌가. 바람이 불면 바람 속에 휩싸여 바람이 되고, 어둠이 몰려오면 어둠 속에 짙은 빛깔의 어둠이 되어 번쩍이는 삶, 그것이 스포트라이트를 받으며 사는 삶이다.

큰 여울을 가슴에 담게 하는 작품이다.

> 사람들은 정신보다 체질에 더 관심을 갖고 씨름한다. 체질을 개선하면, 신체의 단점을 고치고 건강을 찾는다는 것이다. 정신과 육체 중에서 어느 것이 더 중요할까. 닭이 먼저냐, 달걀이 먼저냐의 문제처럼 결론 내리기가 용이하지 않다.
>
> 무엇보다 중요한 정신을 담고있는, 귀한 육체이니 비위를 맞춰야 한다. 성심 성의껏 보살펴, 배반의 날이 오는 것을 최대한 늦춰야 한다. 좋은 세월을 님들과 함께 보낼 수 있게…….
>
> —「육체와 정신」 중에서

정신과 육체는 동전의 양면과 같다.

어느 것이 어느 것 안에 담겨져 있는 것이 아니라, 이 둘은 언제나 양립한다. 현대인은 지나치게 육체에 비중을 둔 삶을 산다. 이런 모습은 현대인이 지나치게 표피적인 삶을 영위하기 때문이다. 속 빈 강정처럼 속은 어떻든 겉보기만 좋으면, 그것으로 만족하고, 정신은 언제나 뒷전에 머물러 있기 때문에 현대인의 생활은 고단할 수밖에 없다. 운동이 아니라, 노동에 가까운 삶이 이를 반증한다.

작가가 글을 쓰는 것은 자신을 세상에 알리기 위한 수단이 아니다. 자기 정신과 마주앉아 자기 실체와의 대화를 엮어가기 위해서 문학과 예술이 존재한다.

작가에게 무엇보다 중요한 것은 보여지는 것을 보는 데 그치지 않고, 그 안에서 체온과 함께 그들이 만들어내는 향기를 만나는 일이다.

작가의 작업은 처음부터 바른 길을 선택해서 서둘지 않고 제 길을 따라 걸어가야 한다. 문학은 사실을 그려내는 작업이 아니라, 진실을 마음과 몸에 심고 가꾸는 일이다.

서둘러 갈 필요가 없는 것이 문학의 길이고, 생의 여정이라는 생각을 하게 하는 작품이다.

> 사람은 네 발로 기어다니다 두발로 서서 걸음을 떼기 시작한다. 세상살이에 자신을 잃은 이들은, 어른이 돼서 다시 네 발로 기어다니며 굳건히 설 수 없다고 울먹이니 가족은 애달프다.
>
> 육체가 정신을 배반하면 정신은 깨끗이 백기를 든다. 육체에게 세월의 비위를 맞추면서 정신의 마무리를 한다. 내 정신은, 혼을 담은 몸이 더욱 견실해주길 원하지만 인력으로 어찌 할 수 없으니 승복해야한다. 정작 닥치면 어찌될지 알 수 없으나.

배는 견고한데 선장이 병든다면, 그처럼 억울하고 속상한 일이 어디 있겠는가. 빨리 고치지 않으면 표류하다 난파선이 될, 배에 무엇을 담고 갈 수 있을까. 여생을 한껏 살아도 짧은데, 자신을 스스로 병들게 한다면 너무 안타깝다.

몸과 마음을 잘 다스리면서 알뜰한 삶을 일구어야겠다. 둘 중에 어느 것이라도 탈이 나면, 길게 산들 살아간 세월이라 할 수 있을까.

—「정신병」 중에서

정신과 육체의 건강을 테마로 한 글이다.

한번뿐인 삶의 기회, 그 짧은 시간을 건강하지 못한 몸과 정신 때문에 박탈된 삶을 사는 것은 고통이 아닐 수 없다.

작가가 비유적으로 표현한 말이 신선하게 가슴에 와 닿는다.

"배는 견고한데 선장이 병든다면, 그처럼 억울하고 속상한 일이 어디 있겠는가. 빨리 고치지 않으면 표류하다 난파선이 될, 배에 무엇을 담고 갈 수 있을까"라는 설의적 물음은 누구에게나 충격이며 설득력 있는 표현이다.

가치 있는 감동은 언제나 마음에 심한 바람을 일으킨다. 바람과 함께 동감의 파도를 일군다.

문학이 대중의 관심 속에서 멀어진 시대는 안으로 치유될 수 없는 병을 키우는 때다. 그 이유는 정신이 그만큼 병들어 있기 때문이다. 병든 정신을 가지고 육체의 건강을 도모하는 일은 인간을 공룡이 되게 하는 길이다. 그 거대한 몸을 주체할 지혜, 정신적 에너지가 부족해서 멸종의 위기를 맞은 공룡을 생각하면서 남의 얘기가 아니라는 예감 같은 것을 느끼게 되는 것은 어떤 연유일까.

세상을 이룬 모든 것이 신비 그 자체인데, 모든 것의 이름이 기적이 아니고 무엇인가. 인간과 다른 사물과의 차이를 수치로 잴 수 없는데, 인간 자체부터 기적임을 부정하겠는가.

기적의 뜻 맨 앞에 미리 현재를 붙여야 할까보다. 과거에 있을 수 있다고 상상할 수 없던 일들이 얼마나 많이 일어나고 있는가. 누가 현재의 불가사의한 일이 먼 미래에는 상식적인 일이 될 수 없다고 장담할 수 있겠는가.

기적과 미신의 차이는 모호한 경우가 있는데, 그것은 이현령비현령이다. 인간은 무한한 잠재능력을 가진 객체라 볼 때, 많고 적음의 차이는 있으나 신(神)적인 요소는 누구에게나 잠재하고 있다. 많은 잠재력의 보유자가 신적인 행세를 하는 경우를 본다. 신적인 요소를 극대화하기 위한 노력을 지속시킬 때, 그는 누구보다 통찰력이나 예견의 힘이 더 커질 수 있다. 기적은 노력을 응집한 소산이고, 인간은 무한한 잠재력을 갖고있어 가능하다.

—「기적의 소망」 중에서

삶은 과학이나 논리적인 것이 아니다.

흥부가 복을 받아 부자가 된 것은 자기 삶에 거는 일종의 기대에 지나지 않으며, 현실 자체는 아니다. 섈리의 법칙은 사람들의 바람을 함축해 놓은 것에 지나지 않는다.

생은 논리적인 것이 아니기에, 뜻밖의 큰 횡재를 얻을 때도 있다. 반대로 다된 밥에 코를 빠뜨리는 일도 현실의 모습이다.

뜻밖의 재앙에 시달려야 하는 아픔도, 그 반대인 횡재도 씻어낼 수 없는 삶의 요소 중의 하나다. 다만 짧은 생의 기회 동안 큰 시련이 없기를 빌 뿐이다.

이처럼 종잡을 수 없을 만큼 변화난측(變化難測)한 것이 사람의 살아가는 모습이다. 「기적의 소망」은 누구나 가슴에 심고 사는 꽃씨와 거름 같은 작품이다.

기성세대와 신세대는 물과 기름처럼 팽팽한 줄다리기가 숨겨져 있다. 양 세대의 대부분은 자신의 입장이 옳고, 극단적인 이질감으로 동질요소가 없다고 생각한다. 기성세대는 신세대의 내막에는 복잡 미묘한 문제를 지니고 있기에 미지의 나라 사람으로 여기기 쉽다. 기성세대가 신세대를 접근하기엔 고정관념이 강해, 그들을 온전히 이해할 수 없고 알 수도 없다. 신세대는 기성세대에게 소속되는 경우가 많기에, 자신들에게 향한 기성세대의 반목에 대해 반항적인 심리를 갖게 된다. 이는 양쪽 어느 것의 장단점을 들추는 것이 아니고, 단지 다르다는 것이다.

신세대는 기성세대의 부분집합이고 나중에는 합집합이 된다. 부분집합 일 때를 그대로 인정하고 받아들이면 되는, 오묘한 진리가 담겨 있다. 신세대가 놓여진 상황을 친구처럼 이해하고 인정하면 된다. 잠시동안의 부분은 합으로 합쳐지기 때문에, 시간을 갖고 참는 참사랑만이 최선인 것이다.

—「신세대」 중에서

세대간의 갈등의 근본 이유는, 그들만의 고유한 패러다임으로 다른 세계를 지향하기 때문이다. 변화 자체가 살아있는 증표인 만큼 서로 다른 차이를 낳는 것은 당연한 일이다. 물의 흐름도 간류(幹流)가 있고, 지류(支流)가 있듯 흘러가는 모습은 다를 수 있지만, 도도한 흐름과 그 방향만은 거스르지 말아야 한다. 보다 가치 있는 것을 끝까지 지켜져야 한다.

신세대니, 구세대니 하는 구분이 사람들을 더 각박하게 만든다. 연령이 다르다고 해서 살아가는 방법도 다를 수는 없다. 마땅히 인정해야 할 것과 인정하지 않아도 좋을 것을 구별하지 못하는 데서 불행은 온다. 어른들은 어른다운 자세를 견지해야 하고, 하고 싶은 말을 당당히 하면서 살아야 한다. '신세대'라는 말에 위축되어 골목으로 스며드는 어른들이 많은 것은 이 시대의 비극이다. 비극을 치유해야만 살고 싶어 사는 시대가 온다.

왜, 우리는 당당한 삶을 살고 있지 못한가. 그것이 우리들의 고통스런 아픔이다.

> 나는 몇 가지 열등감 중, 말에 대한 열등감도 있다. 말의 억양이 딱딱해서 인상이 부드럽지 않아, 스스로 말을 의식하면서 하는 불편함을 느낀다.
>
> 열등감의 원인은 초등학교교사 생활 첫 해의 일이다. 3학년 담임을 한지 얼마 지나지 않을 때이다. 무언가를 말하고 있는데, 아이들이 이구동성으로 "선생님, 귀여워요"하는 거다. 순간 난 당황했다. 동료에게 이런 경우는 어떤거며, 어떻게 대처해야 하는지 자문을 구했다. "교사는 좀 권위가 있어야 하니, 좀 곤란하다"며 필요 이상 웃어도 교사를 쉽게 보아, 학급운영에 어려움이 생긴다고 덧붙였다.
>
> 나름대로의 처방전으로, 20여 년을 하루같이 잘 웃지도 않고 말을 딱딱하게 했다. 앞니가 약간씩 벌어진 것도 발음상 문제되고, 너무 쉽게 보이는 듯해서 여섯 개나 도치로 바꿨다. 가르치는 일이 전문인이라는 입장으로 실행한 것이다.
>
> —「말(言)」 중에서

언어—말이나 글이 없으면 어떻게 의사 교환을 하며 살 수 있을까.

언어는 인간이 가진 무형의 재산 중에서 더없이 중요한 것 중의 하나다. 그러나 언어가 있음으로 해서 얻는 피해는 얼마나 큰가. 말 때문에 실없는 사람이 되기도 하고, 잘 못 내뱉은 말 한 마디나 별 생각 없이 써준 글 한 장 때문에 몰지각한 사람으로 몰려 곤경에 처하는 경우가 있다.

이 글은 언어사용의 어려움과 그로 인한 일화, 언어의 중요성에 대해 기술하였다.

문화도 언어 때문에 비롯된 것이고, 문학과 예술도 말과 글이 없으면 태생 자체가 불가능하다.

사람의 삶은 말과 함께 한다. 인간은 사회적 동물이라는 말도 언어라는 소통기구를 통한 삶의 잉태다. 언어는 사상(事象)—어떤 일이나 현상을 설명하기에는 부족한, 열등(劣等)한 존재여서 오해를 낳을 소지가 많다. 예부터 '말하기'보다 '침묵'을 더 강조했던 것은 언어의 열등성 때문이다. 말을 하면 말한 사람의 허점만을 내보이게 된다. 이 글에 나오는 할머니가 그 대표적인 예다.

말은 해도 흠이 되고, 하지 않아도 흠이 되는 존재임을 생각하게 하는 작품이다.

> 너는 변함없이 그 자리에서, 그 사람에게, 그 일을 해야 한다고 생각하며 살아왔다. 주부가 가정을 일구어 가꾸고 무엇보다 자신의 분신을 끔찍이 사랑해서 온 정성을 쏟으며 열심히 산 것은 자신이 사랑하는 가족이니 합당하다.
>
> 그러나 그러했던 네가 그럴 수 없어지자, 온 세상의 끝에 와 있다고 울부짖는다.
>
> 가슴이 아프지만 이젠 아니다. 세상을 달리 보자. 무엇보

다 자신이 달라져 있지 않은가. 흔히 들었지. 내가 존재하므로 세상이 존재한다는 것을. 여기서 세상을 추상적으로 보지 말라. 그 안에 너만 아닌 가족까지 다 포함된다.

—「쓰러진 친구와 자녀에게」 중에서

중병이 든 친구, 친구의 자녀에게 쓴 서간문 형식의 글이다.

누구나 평생 병이라는 재앙에 말려들지 않고, 건강하게 살고 싶은 것이 인지상정이지만, 뜻대로 되지 않는 것이 인간사이기에 이런 절절한 아픔을 감내해야 한다. 요즘처럼 성인병이 기승을 부리고, 누구도 그 병으로부터 자유롭지 못할 때 장담하는 것이 오히려 재앙이 되는 형국이니, 너나 없이 두려운 것은 같다.

대비를 한다고 해서 피해갈 수는 없다. 모든 것을 운명과 요행으로 여길 수밖에 없는 것이 현실이다. 바람처럼 훨훨 날아다녔으면 하지만, 이 또한 마음처럼 할 수 없는 일이니, 그 안타까움을 작가는 두 편의 편지에 담았다.

학교뒷담을 끼고 돌아 나오는 길에, 다른 곳으로 잘 날아갈 수 없는 곳에, 그렇게 수북히 쌓인 은행잎을 밟아본 적이 없다. 고귀한 잔치에 초대된 귀부인이 되어 오른발 한 발짝, 왼발 한 발짝……. 자연이 선사한 너무도 푹신한 귀한 융단 위를 짐짓 우아한 몸짓으로 걷는다. 한시적인 아름다움을 행복으로 간직하려는 바램으로, 마지막 밟는 자연의 가을 축제인, 노란 은행잎 융단을 지긋이 누르며 소중한 발걸음을 천천히 조금씩 떼어놓는다.

'이미 들어선 겨울에 잃은 가을을 되찾는구나. 두 달 동안 한데 어우러져 정이 담뿍 든 마지막 제자들과 나를, 초대받지 않은 손님으로 만든 서글픔을, 자연이 준 최고의 선물인 은행잎 융단이 위로해주는구나.'

—「가을 단상」 중에서

가을 속에서 서정 어린 심정을 토로한 작품이다.

어느 계절이나 나름의 정취가 서려 있기 마련이지만, 가을은 많은 것을 생각하게 하고, 그리워하게 하며 기다리게 하는 계절이다. 여름의 끝자락과 맞물려 있기 때문일까. 아니면 겨울의 문을 들어서기가 두려워서일까. 스쳐 지나야 하면서도 그것이 쉽지 않은 계절이 가을이다. 이 작품 안에도 그런 안타까움이 드러나 있다.

도시생활 속에서는 그런 애틋함을 경험하기가 쉽지 않다. 어수선함 속에서 질주하는 자동차처럼 달아나 버리기 때문이다. 노동의 대가로 수확할 것도 없고, 자연의 변화도 텔레비전의 화면을 통해서나 만나게 되는 삶이기 때문이다.

갈수록 삶은 황량해지고 있다. 그것이 특정한 어느 한 개인의 생각만은 아니다. 계절이 오고 감이 시간의 흐름으로만 느껴지지 않기에, 누구를 탓하고 나무랄 수 없다. 여유를 상실케 한 각박한 현실이 우리 모두를 그렇게 만들어 버렸다.

> 특정 인물을 회상할 때, 떠오르는 모습이 그의 특성이라 한다. 내핍하는 사람들은 웃는 모습보다 아랫사람에게 언성높이는 모습이 떠오른다. 자녀를 꾸중하는 것도 물질을 아끼지 않는다는 내용이 많다. 절약은 해야한다지만 가진 것에 비해 지나치다. 물질에 매달리는 여유 없는 모습이, 건조한 사람으로 보이니 안타깝다.
>
> 물질은 살아가는 필요조건이지 충분조건일 수 없다. 넉넉하든 모자라든 매달려 신경을 쓰는 시간이 많은 이는 물질에 종속된 삶을 사는 것이다. 사람은 감성을 가진 유일무이한 존재이니, 낭만이 넘치는 멋진 인생을 이루며 살아가면 더 좋겠다는 생각이다.
>
> —「지나친(?) 절약」 중에서

저마다 풍요를 구가하는 삶을 살지만, 얼마 전만 해도 내핍을 위해 찌든 삶을 살 수 밖에 없었다. 지금의 40대 이후 세대는 대부분 그런 생활이 몸에 배어 풍요 속에서 빈곤을 실천하고 있다.

어느 시대이든 물자를 아끼고 절약하는 일이 흉이 될 수는 없지만, 모두가 흥청거리는 사람들 속에서 지나침을 글재로 하여 당시와 현재의 실상을 기술한 작품이다.

작가가 지나치다고 한 것은 어느 정도의 문화적인 혜택

을 누리고 살아야 함에도, 그러기 위해서는 돈이 든다는 이유로 무조건 억제하고 사는 실상에 대한 비판이다.

요즘 우리 현실은 어떠한가. 이전에 비해 현대인은 지나칠 만큼 낭비벽이 심하다. 물건을 마구 쓰는 사실에 대해 자책감도 느끼지 않고, '소비가 미덕'이라는 말까지 하며 생활하니 우리의 앞날은 어떻게 될까.

지구의 보존자원은 바닥이 나고 있다. 지난 세기동안 60억이 넘는 인구가 홍청거리며 자원을 낭비했다. 인구는 갈수록 늘어나고, 자원을 고갈되는 상황에서 인간의 운명이 어떤 모습으로 변할 것인가는 불을 보듯 뻔하다.

이전보다 더 많이 절약을 생활화해야 하는데도, 현실은 그렇지를 못하니 두려운 일이 아닐 수 없다. 문화적인 생활까지 칼로 무 자르듯 단절할 수는 없지만, 우리의 각성은 필요하다. 유행가 제목처럼 '있을 때 잘해'야 한다.

그렇지 않으면 우리에게 어떤 재앙이 닥칠지도 모른다.

중국이 우리에게 다가올 위기의식은 확실한 감지였다. 마음속으로부터 울려나오는 두려운 떨림을 피부로 느끼는 여자의 정확한 육감이기 때문이다. 언젠가는 우리 한민족이 어렵사리 일구어 온 위상이 무너지고, 다시 대국숭배사상으로 역전할 것 같아서—.

우리가 자만에 빠져 베짱이처럼 편하게 즐길 것을 찾고 있는 동안, 어디서나 밤낮 없이 개미처럼 부지런히 움직이는 그들을 보았다. 내가 머물러 있으면 보이지 않는 주변인이 치고 올라오는 위기적인 경쟁을 의식했다. 겉모습만 보고 그들을 비하한, 근시안적인 생각을 했던 자신이 몹시 부끄러웠다.

—「위기의식」 중에서

중국을 여행하면서 체험하고 느낀 바를 기술한 기행수필이다.

근대화 이후, 어디에 내놓아도 손색이 없을 만큼 화려해진 우리의 실상에 비해, 낙후되어 있던 근 10년 전의 중국과, 괄목할 만큼 변한 오늘의 모습을 대비하면서 느낀 '위기의식'이 이 작품이 담고 있는 내용이다.

우리는 지금까지 눈에 보이는 것을 꾸미는 데에만 급급해왔다. 한 마디로 내실이 없는 삶을 살아왔다. 보유자원도 없고, 넓은 영토를 가지고 있는 것도 아닌데, 우리는 무엇을 믿고 흥청거렸는지 안타까울 뿐이다.

우리에게 인구가 발전의 장애라면, 그들에게는 그것이 최고의 재산이다. 철저한 내핍생활과 몸을 아끼지 않고 일하려는 노동정신, 정치지도자의 신념 어린 근대화 추진에 따라 중국은 우리에게만 아니라, 전 세계의 두려운 존재로 변하고 있다. 전쟁을 하면서도 역사적 유물의 보존을 위해 북경(北京)에서는 전투를 하지 않기로 서로 협약을 하고 싸웠다. 그들에 비해 우리는 어떠했나. 동족끼리 총부리를 겨

누고 파괴를 일삼았고, 조금 여유를 갖기 시작하면서 경거 망동을 일삼았다.

이 글은 단순한 수필작품에 그치지 않고, 우리의 지나간 시간과 함께 오늘을 다시 돌아보게 하는 지침서와 같다.

우리가 이만큼 살 수 있는 것은 무엇에 근간한 일일까. 그것은 수출이 그 힘이었다. 이역만리 독일에 광부와 간호사로, 월남전에는 파병으로, 열사(熱砂)의 사막에서는 목숨과 땀의 대가로 이만큼 살게 됐다.

해외여행이니, 영어 몇 마디 가르치자고 재질도 없는 아이들의 등을 떠밀어 유학을 보내고, 골프채를 들고 비행기에 오르거나, 노름을 하기 위해 돈 싸들고 헤맬 때가 아니다. 정작 우리에게 필요한 것은 민족적 자긍심이고, 보다 건실하게 살려는 생활의식의 회복이다.

작가는 이 글의 끝을 "그 후, 선진국 여러 나라에서는 부러운 그림이 더러 있었으나 중국에서처럼 위기의식의 떨림이 든, 강한 인상을 받지 못했다"라는 말로 맺는다. 그들의 발전이 두려운 것이 아니라, 흐트러져 있는 우리의 자세와 태도를 안타까워한다.

기술에서는 일본에 밀리고, 가격경쟁에서는 중국에 밀리는 우리다. 중국은 더 이상 기술에서도 만만한 상대가 아니다. '위기의식'이라는 말이 실감나는 작품이다. 이런 글이 뜻 있는 작가들에 의해 쓰여지고, 많이 읽혀지는 길만이 우리를 위기로부터 건져낼 수 있다.

> 현실적인 내 친구들은 모두, 그런 내 남편을 편드는 아이러니를 낳는다. 현시대에 동떨어진 순수성에 손을 들어주는 거란다. 경제를 무시할 수 없는 시대에 기이한 존재로 다가왔다며 순수 그 자체라고 한다. 집안에 남은 양식의 전부인, 멍석에 널어 말리던 보리이삭이 비에 쓸려가도 책을 읽고 있는 선비 같다한다. 19세기사람 같다하니, 칭찬인지 아닌지 모를 소리다. 형식의 길과 동떨어져 전혀 다른, 내용의 속이 다 필요하다는 어려운 메시지로 들린다. 글만 읽는 선비(?)를 섬기며 현실생활을 담당하고 있는, 내 애로를 친구들은 알까.
>
> —「적 응」 중에서

요즘의 우리 현실에선 무엇보다 '적응력'이 빛을 발한다. 실력보다는 운이 0순위이고, 다음으로는 상황 판단에 따른 적응력 배양이다.

아무리 신념이 투철하고 요구하는 자격 조건을 갖추었어도 그것을 부수적인 조건에 지나지 않는 만큼, 우리 사회는 외도에 길들여져 있다.

이 작품은 남편의 삶을 바라보는 아내의 감상적 정서를 토로하였다. 이 사실을 작가는 한 마디로 함축해 표현하였다.

"현대인은 경제인이다.'—이보다 더 적절한 말은 없다.

다음의 작품도 세태를 반영한 작품이다.

좋은 학벌과 직업은 높은 위상이나 윤택한 생활을 부여하기도하지만, 혜택을 받은 자녀들은 세상의 어려움을 모르고 자라, 어긋나는 생활인이 되는 경우를 본다. 자신이 애 쓰고 공부한 것과는 상관없이, 생활 부적응 인사(人士)가 되는 경우는 어떠한가. 실생활에서 지식은 행복에 얼마나 기여할까. 노력과 시간을 들여서 열심히 공부한 결과가 만족한 삶과 결부된다고 말하기에는 자신이 안 선다.

공부하느라 짧지 않은 20년 동안, 애쓴 세월과 뒷받침해준 보상은 어디서 받아야하는가. 미지의 미래를 위해 최선을 다했다. 보장된, 윤택한 삶을 만들기 위한 힘든 과정이었다. 내가 한 만큼의 삶을 안고 만족과 불만족 중에서 한 가지를 갖게된다.

—「지식의 평준화」 중에서

더 이상 학교는 지식과 학문의 고유한 장(場)이 아니다. 사회가 교육의 현장으로 변했기 때문이다.

매스컴과 인터넷의 비약적 발전은 '지식의 평준화'라는 공을 세웠다. 텔레비전 앞에 앉아 광고방송만 보아도 약조제까지 가능할 정도이니, 이들의 이루어 놓은 성과에 놀라지 않을 수 없다. 사이버대학이 문을 열어 성업 중이고, 대학원까지 문을 열게 되니 책에 매달리는 것은 남에게 뒤떨어지나, 일부러 지기 위해서 일을 꾸미는 짓에 불과하다는 말이 나온다.

이 일은 긍정적으로 해석해도 좋을 것 같다. 수십 년 전에 배운 실력에 매달려 살 때는 이미 지났기 때문이다. 지식의 평준화만 아니라, 다름을 평준화도 바람직한 현상이다.

많은 것을 깨닫게 하는 작품이다.

> 내 아들뿐 아니라 적지 않은 젊은이들이 비상구로의 탈출을 생각한다. 미래를 가늠하기 어려워 막막하기만 한 나이에, 푸른빛으로 은밀하게 불을 밝힌 비상구란 생각만으로도 얼마나 매력적인가. 그러나 비상구는 요행을 바라는 문일 뿐이다. 영원히 조연이나 엑스트라의 문일 수밖에 없다. 아들아, 너만이라도 비상구로 들어가지 마라. 비상구는 영원히 정문이 될 수 없잖니.
>
> 생각의 방향을 잘 잡고 노력하면 사회의 일원으로 손색이 없을 터이니, 현실을 직시하고 자신 있게 최선을 다하기 바란다. 꿈을 갖고 앞으로 전진하기 위한 노력을 다할 때 못 이룰 것은 없다. 머무르지 말고, 항상 움직여 전진하는 아들이 되기를 바란다.
>
> —「비상구」 중에서

군에 입대한 아들을 면회 가서 새로운 환경에 적응하는 아들을 바라보면서, 어머니의 심정을 토로한 글이다.

갈수록 젊은이의 진로를 정하기 어려운 시대다. 길의 종류는 다양하지만, 그 길을 걸어갔던 사람들이 한정되어 있는 관계로 예측이 불가능하다.

자녀를 바라보는 부모의 입장에서는 마땅히 들어가야 할

정문이 아니고, 비상구로 보여질 수밖에 없다. 이것은 우리 모두가 불안하고, 안개 속과 같은 불신의 시대를 살기 때문이다.

한 때의 열망이 얼마나 그들의 버팀목이 되어줄 수 있을까를 의심할 수밖에 없기에, 두려운 걸음으로 들어서는 문이 부모의 입장에서는 '비상구'로밖에 보여지지 않는다.

시간의 흐름에 편승해 변화의 물결이 이는 것은 자연스러운 일이고, 변하지 않는 것이 오히려 이상한 일이다.

어머니는 기도처럼,

"생각의 방향을 잘 잡고 노력하면 사회의 일원으로 손색이 없을 터이니, 현실을 직시하고 자신 있게 최선을 다하기 바란다. 꿈을 갖고 앞으로 전진하기 위한 노력을 다할 때 못 이룰 것은 없다. 머무르지 말고, 항상 움직여 전진하는 아들이 되기를 바란다."

이 작품의 맨 끝의 있는 구절이다.

> 내가 다른 애들과 별다른 재미를 붙인 것은, 뒤채에 있는 오빠 방을 몰래 들어가 보는 거다. 석양빛이 삼각형 음양을 그어놓아 묘한 분위기를 만들어 놓은 그 곳을 들어서는 순간, 나는 꿈 많은 소녀로 변한다. 멋진 인생을 꿈꾸며 한 땀씩 수놓는, 아가씨 마음을 닮는 순간이다.
>
> 그의 커다란 책상 앞에 붙여진 멋진 시화에 담긴 프쉬킨의 시 「삶」을 처음 대한 날은, 가슴으로 잔잔한 물결이 일

렁거렸다. 노력, 인내, 인생, 삶…의 단어들을 새롭게 인식 했고, 그 의미를 마음에 담으면서 인생을 느끼기 시작했다. 가족 중에 학문을 하며 꿈을 심어주는 윗사람이 없는 내게, 그는 뜻 깊은 인생의 길잡이가 되어 준 것이다.

—「영혼의 교감(交感)」 중에서

친척오빠에 대한 기억을 반추하며 그리워하는 글이다.

살아온 삶을 반추해 기억을 더듬어보면, 생각나는 사람이 있다. 그 중에서도 생의 진로를 정하는 데, 결정적인 역할을 한 사람은 더욱 잊혀지지 않는다.

작가의 그리움도 그런 유형이다.

우리는 자기에게 주어진 삶을 사는 동안, 무수한 일을 겪게 되고 그 과정에서 많은 사람을 만나고 헤어진다. 그 중에도 오랫동안 잊혀지지 않는 사람도 있고, 우연한 기회에 대면을 해도 기억조차 없는 사람도 있다. 그것은 영혼의 교감이 아닌, 단순한 스침에 불과하기 때문이다.

삶은 만남과 헤어짐의 연속이고, 그 일련의 과정을 지탱할 힘을 상실했을 때, 생을 마감하게 된다.

그냥 살았습니다. 허둥대며 살았습니다. 나중에 올 영광을 그리며 살았습니다. 질세라, 옆 사람, 옆집을 가늠하며 그렇게 세월을 보냈습니다.

이일, 저일, 만가지 일을 뛰어다니며 했습니다. 이제 호

것이 남은, 나를 붙잡기 위해 돌아다 본, 바로 그 때 알았습니다. 지금이 나중이고, 나중이 지금이며, 지금도 나중도 많이 남아 있지 않다는 것을.

저보다 더 산 분들은 "무슨 소리야. 부럽구먼"하시겠지만, 그야말로 모르시는 말씀. "어르신네들이 더 산 세월을, 어르신네들보다 제가 더 알차게 살 거라고 보십니까." 하루하루를 그럭저럭 살고있는 위인이 바로 저랍니다.

—「나중에」 중에서

일종의 독백과 같은 글이다.

누구나 자기의 삶에 대한 생각을 하게 된다. 이 글은 자기를 향한 자기의 귀띔이다.

일상 속에서 우리는 발버둥치며 생활한다. 그것이 남긴 마지막 흔적은 무엇인가. 바닷가에 새긴 발자국처럼 이내 지워지고 마는 것이다.

글은 작가의 자기 사랑이다. 모든 글은 작가를 뿌리로 하여 잎을 만들고, 가지를 키우며, 꽃을 피운다. 그러한 애정이 없으면, 어느 장르의 글이든 글로서의 자기 모습을 드러낼 수 없다.

작가가 '나중에'를 기약하는 것은 종교에 귀의해, 그 속에서 안정과 평화를 획득하기 위해서다. 이것은 때로 현실에 대한 불신과 환멸을 의미할 수도 있고, 절대적 존재에 대한 신뢰에 바탕 한 것이기도 하다. 작가가 말하는 '종교'

속에는 그의 문학도 함께 포함되어 있다. 문학은 '수도(修道)'와도 다르지 않다. 마음을 정갈히 하고, 목표를 향해 치닫기 때문이다.

> 하루 밤낮으로 무수히 많은 욕망의 갈래와 헝클어진 갈등으로 시간과 힘을 소진한다. 무기력해져서 아무 것도 하지 않고 날짜를 줄여가면서, 남은 기간이 짧다하며 심한 아이러니의 늪에서 허우적거린다. 인정하지 않을 수 없는 사실로. 직장을 접은 후, 변한 것이 없는데 갑자기 늙는다. 쇠퇴한 시간이 많아졌다.
>
> 청춘의 만끽은 일순간의 화려한 날갯짓이었나. 번데기를 뚫고 막 깨어난 나비를 닮았다. 짧은 비상을 위해 젖은 날개를 있는 힘껏 젓히며 말리는 순간이었다. 현란한 날갯짓은 한낱, 영화를 누리고픈 욕망의 앞섶뿐이었나…….
>
> —「특별한 이벤트는 없었다」 중에서

젊은 때 삶의 테마는 사랑이고, 그 이후에는 사회라는 공간 안에서 자기를 실현하는 일이 중요한 주제가 된다.

사람은 평생동안 이벤트 행사가 어느 날 자기를 찾아오기를 기대한다. 작가는 단호하게 말한다. "분발하자./ 젊음의 반추는 과정일 뿐./ 한창 때에 특별한 이벤트는 없었다"라고.

어느 경우나 시간이 지나고 나면, 모든 일은 시들해진다. 기대가 사라지고, 실현가능성을 신임하지 못하게 된다. 자

눠

인쇄일 초판 1쇄 2003년 03월 21일
2쇄 2017년 01월 12일
발행일 초판 1쇄 2003년 03월 31일
2쇄 2017년 01월 24일

지은이 홍 정 기
발행인 정 진 이
발행처 새미
등록일 1994.03.10, 제17-271호

서울시 강동구 성내동 447-11 현영빌딩 2층
Tel : 442-4623~4 Fax : 442-4625
www. kookhak.co.kr
E- mail : kookhak2001@hanmail.net
ISBN 978-89-5628-411-8 *03800
가 격 11,000원

* 새미는 국학자료원의 자매회사입니다.
*저자와의 협의 하에 인지는 생략합니다.

기 확대와 축소를 통해 우리는 현실과 어떠한 형태로든 대응할 수밖에 없다. 작가는 "매일을 열자. 새롭게./ 내 할 일을 뜻깊다며 정하지 않았는가.// 신 새벽/ 새로운 장을 열자"고 말하고 있다.

문학의 형식은 언어다.

시니 소설이니 수필이니 하지만, 이러한 것은 절대적 영역을 보유하는 것은 아니다. 앞으로의 문학은 그런 용어에 의해 지배되는 것이 아니고, 내용상의 지향점에 의해 결정되어야 한다.

그 중 하나는 자아와 세계의 화합을 도모하고, 다른 하나는 갈등을 통해 긴장감을 조성함으로써 인간 진실을 가시화 한다. 이들의 공통점은 언어를 재료로 한다는 사실이다.

어느 누구도 언어를 이용하지 않으면 정상적인 삶을 영위할 수 없다. 지혜와 지식도 언어의 조직에 불과하고, 모든 문화도 언어를 기반으로 한다.

문인에게 있어서의 언어는 생명과 같다. 홍정기의 문학은 언어적 논리성을 바탕으로 구축한 세계다.

홍정기의 문학은 인간적 향기를 최우선 바탕으로 삼는다. 이에 근간하지 않는 문학은 존재하지 않는다. 이 말은 그만큼 그의 말은 윤리적이고, 도덕적이라는 말과 다르지 않다.

그의 문학에서의 또 다른 특징은 자서전을 쓰고 있지 않다는 점이다.

수필의 함정 중의 하나는 작가의 일상을 벗어나지 못한다는 사실이다. 이 점에서 홍정기의 문학은 이에서 많이 벗어나 있다.

이 점은 중요한 시사점이다.